理論と実践の
往還で紡ぐ

保育・幼児教育学

―幸せに生きるためのヒントは乳幼児期に―

高櫻綾子（編著）

朝倉書店

執　筆　者

綾　美起子 ＊	青山学院大学教育人間科学部 ［序, 第1章］
高濱　毅	浦堂認定こども園 ［コラム 1-1, 2-1］
與儀　美由紀	南城市教育委員会 ［コラム 1-2］
櫻崎　圭子	大阪成蹊大学教育学部 ［第2章］
齋藤　久美	文京区子ども家庭部幼児保育課 ［コラム 2-2, 5-1］
古矢　由美	青山学院大学教育人間科学部 ［第3章］
福元　真由	中央区立豊海幼稚園 ［コラム 3-1］
山口　晃	逗子市立小坪保育園 ［コラム 3-2］
相川　圭雅	鎌倉女子大学短期大学部 ［第4章］
川部　聡	かわさき里親支援センターさくら ［コラム 4-1］
溝山　恒幸	さきちゃんち運営委員会 ［コラム 4-2］
亀越　智	埼玉県立大学保健医療福祉学部 ［第5章］
鈴木　友浩	スギナ保育園 ［コラム 5-2］
松浦　由	和泉短期大学児童福祉学科 ［第6章］
大庭　亜由	松が丘保育園 ［コラム 6-1］
石川　かをり	日本基督教団小石川白山教会愛星幼稚園 ［コラム 6-2］
宮城　利佳	琉球大学教育学部 ［第7章］
田村　秀	文京区立第一幼稚園 ［コラム 7-1, 9-2］
我謝　友貴	与那原町立阿知利保育所 ［コラム 7-2］
久保寺　節	青山学院大学教育人間科学部 ［第8章］
仁科　桃子	日本基督教団小石川白山教会愛星幼稚園 ［コラム 8-1］
前田　宏	文京区立湯島幼稚園 ［コラム 8-2］
佐藤　賢一	常磐大学人間科学部 ［第9章］
嶺村　法子	中央区立月島第一幼稚園 ［コラム 9-1］

（執筆順，＊は編著者，［　　］は執筆箇所）

序　専門家が担うからこそ，生涯にわたって，よりよい効果を発揮します

　乳幼児期の友だちや先生，好きな遊び，楽しい（ちょっと切ない）出来事を覚えていますか？　幼い頃から変わらないこと，成長して変わったことはありますか？

　成長するにつれて難しくなることの1つに，「真剣になること」があるように感じます．身につけてきた知識や技術によって，軽々とこなせることが多くなったこともありますが，「真剣になること」に対する気恥ずかしさもあるように思います．

　手の届かない存在の真剣さには感銘を受けるのに，自分が真剣になることは躊躇したり，身近なひとが真剣に取り組む姿に「真面目にやりすぎ」と否定する言葉を投げかけてしまったり…．もしも下記の「子どもが真剣に遊ぶ姿」があなたの心に届くなら，必死にみえるくらいの真剣さも大切にしたいと思えるかもしれません．

　3歳の男児が砂場の近くで土を型にはめてパンパンと叩いては，ひっくり返し，そおーっと型を持ち上げることを繰り返しています．最初は土が型のなかに残ったり，型から外した途端に崩れたりしていましたが，段々と上達してきました．でも本人は角が少し欠けることに納得していない様子です．うまくいかない原因を探り，次はどうするかを考えるために頭をフル回転させ，型を外す際には全神経を指先に集中させている姿からは真剣さが伝わってきます．その雰囲気が波及したのか，鬼ごっこや三輪車での探検，鉄棒や縄跳びなどが行われていて，賑やかな園庭のなかで，彼の周囲だけが静かな空気に包まれていました．そして何度も挑戦して完璧な仕上がりになると，彼はパアッと明るい笑顔になり，嬉しそうな，誇らしそうな，少し照れたような表情を浮かべています．心身で喜びを実感し，達成感や自分への満足感を味わっていることが伝わってきました．

　家を建てるときに土台が大事であるように，ひとの人生においても，しっかりと張られた根をもとに歩み出し，さまざまなひとと出会い，多様な経験をするなかで学び，自分らしく生きていくことが大切です．まさに乳幼児期には，しっかりと根を張るために，ひとと関わり関係を築くこと，自分の気持ちを整えること，挑戦して諦めずにやり遂げること，自分のよさを実感して満足すること，ひとを信頼すること，自分も相手も大切ないのちであると知ること…といった，生涯にわたって生

きていくための根幹を培っていきます．このとき子どもの生活や実体験からかけ離れたことのお勉強としてではなく，子ども自身が好んで自ら進んで行う「遊び」においてだからこそ，子どもは学ぶことの必要性を感じます．たとえば，自分の思いを主張しながらも友だちの思いに耳を傾け，互いの意見や気持ちを調整するのは，「友だちと遊ぶ楽しさを知っており，一緒に遊びたいから」です．

　こうした「遊ぶこと」が「学ぶこと」につながり，その学びが幸せを感じながら生きていくための源となるには，「専門家が理論をしっかりと学んだうえで，目の前の子どもの姿をもとに考え，遊びを中心に据えた保育・幼児教育を実践すること」が必要不可欠です．そこで本書は，「理論と実践の往還で紡ぐ保育・幼児教育学—幸せに生きるためのヒントは乳幼児期に—」と題し，9つの章（理論）と18本のコラム（実践）を通して，「専門家による支えがあると，子どもは，一人でも仲間とでも真剣になって遊び込むことができ，充実感や達成感に加えて，多様で豊かな学びを得ること」を伝えます．その際，保育・幼児教育実践の根底に必要となる保育者の専門性についても触れます．たとえば，いざこざにすぐに介入する場合と，子ども同士がお互いの言い分を伝え合うことを見守る場合があります．これは保育者が子どもの年齢や関係性，周囲も含めたその場の状況などの多様な観点から瞬時に判断して対応しているためです．からだの使い方にも専門性が現れます．複数の遊びが展開されていた状況から特定の遊びが盛り上がり始めたとき，保育者は黒衣のような動きで環境をつくりかえます．子どもたちの集中は途切れず没頭し続け，遊びも中断しません．そして遊びが最高潮に盛り上がった後，保育者が「お片付けの時間だよ〜！」と呼びかけながら部屋を横切ると，子どもたちはパッと顔をあげ，片付けへと意識を切りかえるため，あっという間に片付けを終えます．しかしながら，こうした専門性は第三者にはわかりづらいため，専門家としての保育者のありようが誤解されてきたことも少なからずあります．だからこそ，読者のみなさんには，本書を通して，遊ぶことの真の意味と，遊ぶなかでどのように多様で豊かな学びが育まれるのか，保育者が確かな専門性をもとに保育・幼児教育を担うからこそ，生涯にわたって，よりよい効果を発揮することについて学び，考え，理解を深めていただきたいと願っています．

　最後に，本書に携わってくださった執筆者の方々と朝倉書店編集部のみなさま，支え続けてくださった方々に，心から感謝と御礼を申し上げます．

2025 年 1 月

編著者　高櫻綾子

目　　　次

第1章　子どもの育ちに携わるとは，子どもとともに育つということです ……… 1
　1.1　育つことの力強さ …………………………………………………………… 2
　1.2　育てることの奥深さ ………………………………………………………… 4
　1.3　育ち合うことの尊さ ………………………………………………………… 6
　1.4　子どもの育ちに携わり，ともに育つために ……………………………… 8

コラム 1-1　良質な保育・幼児教育を支える同僚性
　　　　　　　—子どもの姿について語り合っています— ……………………… 11
コラム 1-2　専門性の維持と向上
　　　　　　　—施設・学校段階を超えた研修も必要です— …………………… 13

第2章　質の高い遊びをしている子どもは，有能な学び手です …………… 15
　2.1　質の高い遊びをしている子どもは，有能な学び手になるのか？ ……… 15
　2.2　遊びとは何か ………………………………………………………………… 18
　2.3　遊びで何が育つのか ………………………………………………………… 20
　2.4　質の高い遊びに向けて ……………………………………………………… 22
　2.5　乳児期から将来に向けて …………………………………………………… 23

コラム 2-1　遊びが生み出す学ぶ力
　　　　　　　—ミッションは，思いっきり遊んで，仲間と協力することです— ……… 26
コラム 2-2　遊びのなかで自ら考え工夫する
　　　　　　　—「だめ！」ではなく「危ないならどうする？」— ……………… 28

第3章　さまざまな環境には，保育者から子どもの発達への願いが
　　　　込められています ……………………………………………………… 30
　3.1　保育の環境を考える ………………………………………………………… 30
　3.2　やりたいことがみつかる環境 ……………………………………………… 31
　3.3　さまざまなひとと出会う環境 ……………………………………………… 35

3.4　子どもの体験を広げ，深める環境 ⋯⋯⋯⋯⋯⋯⋯⋯⋯⋯⋯⋯⋯⋯⋯ 37

3.5　保育の環境を探究する ⋯⋯⋯⋯⋯⋯⋯⋯⋯⋯⋯⋯⋯⋯⋯⋯⋯⋯⋯⋯⋯ 40

コラム 3–1　心とからだが動き出す環境構成
　　　　　　—遊びを通して学ぶことの楽しさを味わっています— ⋯⋯⋯⋯ 41

コラム 3–2　子どものやりたい気持ちを育てる
　　　　　　—考える力は，ひと・もの・こととの関わりから生まれます— ⋯⋯ 43

第 4 章　いのちが大切に育まれ，安心・安全を感じると，自分らしく
　　　　生きられます ⋯⋯⋯⋯⋯⋯⋯⋯⋯⋯⋯⋯⋯⋯⋯⋯⋯⋯⋯⋯⋯⋯⋯ 45

4.1　いのちが大切に育まれるとは？ ⋯⋯⋯⋯⋯⋯⋯⋯⋯⋯⋯⋯⋯⋯⋯⋯⋯ 45

4.2　ひとが生きていくための土台ができると教育も可能に ⋯⋯⋯⋯⋯⋯ 53

コラム 4–1　誕生日は感謝を伝える日
　　　　　　—「生まれてきてくれてありがとう」「産んでくれてありがとう」— ⋯ 55

コラム 4–2　地域もともに子どもの育ちを支える
　　　　　　—親子が一緒にほっと笑顔になれる場所をめざしています— ⋯⋯⋯ 57

第 5 章　健康な心とからだは，生きる力の源です ⋯⋯⋯⋯⋯⋯⋯⋯⋯⋯⋯ 59

5.1　健康な心とからだとは ⋯⋯⋯⋯⋯⋯⋯⋯⋯⋯⋯⋯⋯⋯⋯⋯⋯⋯⋯⋯⋯ 59

5.2　乳児期における心とからだの発達 ⋯⋯⋯⋯⋯⋯⋯⋯⋯⋯⋯⋯⋯⋯⋯⋯ 60

5.3　1 歳以上 3 歳未満児における心とからだの発達 ⋯⋯⋯⋯⋯⋯⋯⋯⋯ 64

5.4　3 歳以上児における心とからだの発達 ⋯⋯⋯⋯⋯⋯⋯⋯⋯⋯⋯⋯⋯⋯ 66

5.5　乳幼児期までの発達と児童期以降の発達とのつながり ⋯⋯⋯⋯⋯⋯ 67

コラム 5–1　心とからだの発達をうながす遊び環境づくり
　　　　　　—たくさんハイハイすると，楽しくて，面白い発見があるよ— ⋯⋯⋯ 70

コラム 5–2　遊びが心とからだを強くする
　　　　　　—どろんこになって遊んで，いっぱい食べて，大きくな〜れ！— ⋯⋯ 72

第 6 章　人と関わる力は，他者とともに生き，人生を切り拓くためにも
　　　　必要です ⋯⋯⋯⋯⋯⋯⋯⋯⋯⋯⋯⋯⋯⋯⋯⋯⋯⋯⋯⋯⋯⋯⋯⋯⋯ 74

6.1　人と関わる力とは ⋯⋯⋯⋯⋯⋯⋯⋯⋯⋯⋯⋯⋯⋯⋯⋯⋯⋯⋯⋯⋯⋯⋯ 74

6.2　ともに生きること ……………………………………………… 75

6.3　人生を切り拓くために ………………………………………… 76

6.4　子どもの喜びの世界にともにいる …………………………… 77

6.5　子どもの悲しみの世界をともに生きる ……………………… 78

6.6　「わからない」を持ち続ける …………………………………… 80

6.7　育ちのときを待ち望みながら，ともにいる・支える ……… 81

コラム 6–1　応答的な関わりにもとづく一人一人をいかした集団の形成
　　　　　　　─みんなが主人公であり，育ち合う仲間です─ …………… 83

コラム 6–2　多様な子どもとの出会いと関わりのなかで自分らしく育つ
　　　　　　　─みんなちがうからこそ，一緒に過ごすと楽しいね─ ……… 85

第 7 章　さまざまな環境への好奇心や探究心は，学ぶ意欲を育てます … 87

7.1　「環境を通して行う教育」とは何か ………………………… 87

7.2　保育・幼児教育における環境とは何か ……………………… 87

7.3　文字や数との出会い …………………………………………… 94

7.4　ICT の活用 ……………………………………………………… 95

7.5　保幼小の連携・接続も視野に入れて ………………………… 95

コラム 7–1　生命の尊さと自然の美しさに気づく
　　　　　　　─動物も自然もともに生きる大切な存在です─ …………… 97

コラム 7–2　子どもの挑戦にとことんつきあう
　　　　　　　─保育者も一緒の試行錯誤はわくわくするね─ …………… 99

第 8 章　心が通い合う喜びは，愛と信頼を育みます ………………… 101

8.1　言葉の獲得の過程 ……………………………………………… 101

8.2　能動的存在としての子ども …………………………………… 102

8.3　保育者が子どもをわかろうとすることから育まれる子どものことば … 102

8.4　子どものことば（声）を聴く　─ラーニング・ストーリー─ … 105

8.5　想像する楽しさを味わう絵本との出会い …………………… 109

コラム 8–1　目に見えないけれど大事な気持ちを伝え合う
　　　　　　　─互いを尊重し合うことがともに生きることにつながります─ ……… 111

コラム 8-2　文字への興味と関心を育む
　　　　　　　―ことばを豊かにするには，親しみ，喜び，楽しさが重要です―……… 113

第 9 章　磨かれた感性と表現する力を身につけることは，
　　　　生活を彩り豊かにします …………………………………………………… 115
　9.1　乳児における表現 …………………………………………………………… 115
　9.2　1 歳以上 3 歳未満児における表現 ……………………………………… 118
　9.3　3 歳以上児における表現 …………………………………………………… 120
　9.4　表現活動は生活を彩り豊かにする ……………………………………… 124

コラム 9-1　感動を分かち合う
　　　　　　　―意欲を受け止められると，イメージと創り出す力が湧いてきます― … 126
コラム 9-2　伝統文化に触れる
　　　　　　　―文化の継承は「やってみたいな」から始まります― ……………… 128

　索　引 ………………………………………………………………………………… 131

第1章　子どもの育ちに携わるとは，子どもとともに育つということです

高櫻　綾子

　「子どもが育つ」というとき，主語をおとなに変えると，「子どもを育てる」になる．しかしながら，子どもを授かれば，すぐに真の意味での親になれるとは言い難いのと同様に，資格や免許を取得して保育所や幼稚園などに勤めれば，すぐに一人前の保育者になれるわけではない．子どもと関わることを通して，子どもの育ちに携わるひととして育っていくことができる．この意味においても，子どもの育ちに携わるひとを育てていくことが重要となる．さらに，子どもの育ちを保障するためには，子どもの育ちに携わるひとや場所が安心・安全であることが重要であり，子どもが育つ環境として地域が育っていくことと，地域を育てていく必要がある．

　したがって，「育つ」「育てる」という営みは，常に表裏一体の関係にあり，双方の視点を同時に捉えるならば，それは「育ち合う」ことに他ならない（図 1.1）．そこで本章では，「育つ」「育てる」「育ち合う」という観点から，ひとが生をうけ，ともに生きていくことについて考えたい．

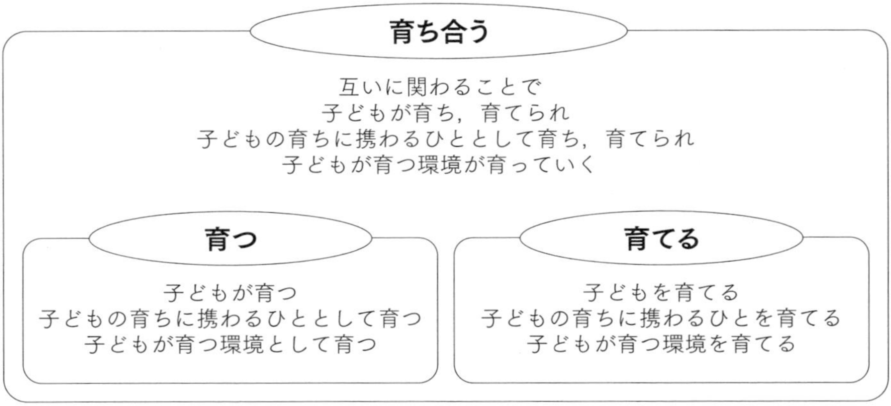

育ち合う

互いに関わることで
子どもが育ち，育てられ
子どもの育ちに携わるひととして育ち，育てられ
子どもが育つ環境が育っていく

育つ

子どもが育つ
子どもの育ちに携わるひととして育つ
子どもが育つ環境として育つ

育てる

子どもを育てる
子どもの育ちに携わるひとを育てる
子どもが育つ環境を育てる

図 1.1　育つ-育てる-育ち合う

1.1 育つことの力強さ

1.1.1 ひとは生涯にわたって育つことができる

発達とは，受精（受胎）から死に至るまでの質的・量的な変化である．質的変化には分化と統合がある．たとえば，握る，ひらくといった手全体で同じ動きをしていた状態から，それぞれの指を動かしたり，まとまって1つの動作をできるようになったりすることにより，モノをつかむことができるようになる．

一方，量的変化のうち，量的増大を「成長」，量的減少を「衰退」という．衰退というと，人生で円熟期を迎えた以降のことを思い浮かべるかもしれないが，胎児期から起きている．また，マイナスのイメージを抱くかもしれないが，ある部分の成長のために別の部分の衰退が必要なこともある．

たとえば，胎内で手がつくられ始めた頃の赤ちゃんの指は，水かきのようなものでつながっているが，細胞が整理されて減っていくことで，指が1本ずつに離れて，指として動きやすくなる（小西，2007）．また，月齢が進むにつれて，母語では区別しない音の聞き分けができなくなる（e.g. 針生，2019；内田，2017）．これは，「お母さんお父さんが話すことばが，ただの音の流れやかたまりの状態から，しだいに文節や単語に分かれて聞こえるようになるためには，お母さんお父さんのことばを理解するのに不要な音を拾う回路を消すほうが効率がよいという判断で，赤ちゃんの脳はシナプスを刈り込んでいく」（小西，2007）ことによると考えられている．すなわち，赤ちゃんにとって相手の話す言語が学ぶ必要性があるもの（針生，2019）になったと捉えることもでき，母語の獲得へとつながっていくうえで必要な変化である．

このように，ひとは生涯にわたって発達していく．それゆえ，できることとできないことの増減を気にする以上に，さまざまな経験を通して，どのような状況であっても，希望をもって生きる術を身につけていくことが大切ではないだろうか．また，人生において，なかなかうまくいかないことが起きた場合には，新たな発達につながるための力を蓄えている時期と考えてみるのはどうだろうか．きっとその後には，縮んでいたバネが飛び跳ねるように，大きな飛躍がある．

1.1.2 生涯にわたって育つうえで，乳幼児期に必要なこと

ひとは，「育つうえで，いま必要なこと」を取捨選択しながら発達しているとも考えられる．たとえば，母語の獲得にもみられたように，子どもは，「目の前のこの人と遊びたい，この人が何をしようとしているのか，何を伝えようとして

いるのかが知りたい，そんな相手とのリアルなやりとりのなかでこそ」（針生，2019），言語を習得していく．それゆえ，ひとが生涯にわたって育っていくためには，それぞれの発達段階に応じた内容を，適した方法によって学んでいく必要がある．

では，人生を歩み出す時期ともいえる乳幼児期に必要な学びと，そのための方法とは，どのようなものなのだろうか？　嶋村（2023）は，「子どもは生まれてきた一つの命として，自分で自分を育てるという生き物としての命の仕組みをもっています．誰かに言われなくとも自らやりたくなる『遊び』をつうじて外界の刺激を取り入れ，自分の中に取り入れたものを表現して，身の回りの世界と自分との関係を確かめて，自分が身の回りに影響を与えられるということを知っていきます」と述べている．

また，Gray（2013, 吉田訳, 2018）は，「自由な遊びは，子どもたちに自分は無力ではないことを教える自然な方法です」と述べている．そして，子どもたちは自由な遊びのなかで，（1）自ら決断し，問題を解決し，ルールをつくったり守ったりすること，（2）他人に対して服従する者や反抗的に従属する者になるのではなく，他者と平等な関係を築くこと，（3）適度な不安を意図的に自分自身に対して投与することで，自分のからだだけでなく，不安もコントロールすること，（4）人と一緒に遊ぶことで，どう交渉したらいいのか，楽しませるにはどうしたらいいのか，対立によって生じる怒りをどう調整したり克服したりしたらいいのかということ，（5）たくさんの活動を試し，どこに自分の才能や好みがあるのかを発見すること（Gray, 2013, 吉田訳, 2018）を学んでいくとしている．

このように，乳幼児期には遊びを通して，さまざまな学びを得て，発達していく．その際，「子どもの遊びと学びが育まれる土台には心身ともに安心・安全を感じられる生活があり，発達段階に応じた生活のなかで『豊かな遊びと確かな学び』が育まれることによって子どもの育ちが連続的に繋がっていく」（高櫻，2019）ことが重要である．そのため日本の保育・幼児教育は，「遊びを通した総合的な指導」（第2章）と「環境を通しての教育」（第3章）を主軸に据えた実践を行っている．また，おとなになるための準備期間としてではなく，乳幼児期そのものに価値があると考え，専門家が発達の特性を踏まえた保育・幼児教育を行うことにより，心身の発達を保障し，小学校以上の教育へとつなげている．

そこで本書では，生命の保持及び情緒の安定（第4章），健康（第5章），人間関係（第6章），環境（第7章），言葉（第8章），表現（第9章）に着目しながら，乳幼児期の保育・教育について解説する．また，コラムを通して，多彩で豊かな

実践を紹介していく.

1.2　育てることの奥深さ

1.2.1　幸せを願うことと，過度に求めてしまうことのバランスの難しさ

　保育は，家庭での育児と保育・幼児教育機関などでの集団保育の双方を指す言葉である．また，英語で"care and education"と表記されるように，care（養護）と education（教育）からなる言葉である．これに対し，「現今の教育に対する関心の高まりは，"care"に対して"education"の重みをもっと増強させていくことだと暗黙裡に受け取られてしまっているところが少なからずある」（遠藤，2017）と指摘されるように，乳幼児期から，さまざまな早期教育を受けさせることが人生の成功につながるかのような風潮も見受けられる.

　たとえば，「子どもが困らないように」と，母語も獲得できていない時期から外国語を熱心に学習させようとするケースがあるが，さまざまな研究知見から，家庭内と異なる言語が話される環境に入れられたとしても，「幼稚園から中学生くらいまでの子どもだと，年上の子どもほど新しい言語の習得スピードは速く，特に小学校に入る前の子どもでは習得に時間がかかる」（針生，2019）ことが見出されている．加えて，母語の獲得が遅れることになり，その結果，自分の感情や思いを整理し，表現し，相手の話を理解するための言葉をもてず，アイデンティティの形成にも悪影響を与えるなど，子どもの発達に負担をかけることが指摘されている（e.g. 針生，2019；小西，2007；内田，2017）.

　それにもかかわらず，「あなたの将来のため」と子どもの「いま」にそぐわないことでも過度に求めてしまう理由の1つには，自らの（苦い）経験をもとに，子どものよりよい発達とその先にある将来への願いがあるのだろう．しかしながら同時に，必ずしも自分と同じように子どもがなるとは限らないにもかかわらず，「自分の子ども＝自分と同じ道筋をたどる（可能性が高い）」という感覚にとらわれてしまっているようにも思える.

　こうした感覚は，しつけにも通じる．内田（2011）は，子どもの視点からしつけについて考えると，「子どもの発達にとって無理な要求を子どもに押し付けてしまう場合も考えられます」と指摘している．そして，「しつけとは，もともと『着物を仕付る』という意味と結びついて根をおろしてきているのではないか」と推測したうえで，「はじめは要所要所をおさえていた糸が，やがては，『不要になる』，『はずされる』ということを前提にしているところが大切」であり，「大

4　第1章　子どもの育ちに携わるとは，子どもとともに育つということです

事なのは，いずれ子どもが自分自身で考え，判断して，自ら行動できるようになる日に備え，親が援助し，やがてその援助の手を少しずつ減らしていくということ」と述べている（内田，2011）．

1.2.2 必要な育ちから，育てることを見つめなおす

ひとが生涯にわたって育つために大切にしたいことの1つに，アタッチメント（e.g. Bowlby, 1969, 黒田ほか訳，1976）がある．アタッチメントは，日々の相互作用の積み重ねによって，子どもともっとも信頼する相手との間に形成され，とくに恐怖や不安といったネガティブな情動を感じたとき（あるいは，これから感じそうなとき）に機能する．

たとえば，初めての場所で見知らぬひとと出会ったとき，急に大きな音がしたとき，転んだときや体調が悪いときなどに，子どもは，自分がもっとも信頼する相手に近づき，くっつくことを求める．また，抱きしめられながら，「びっくりしたね．でも，もう大丈夫だよ」などと自分の気持ちや状況に共感して言葉をかけられるなどして，身体的にも心理的にもくっつくことで，安心・安全を感じ，その状態を維持しようとする．こうしたことを繰り返すなかで，「何かあれば助けてくれる，守ってくれる」という確信と見通しができる．そして心理的にはそのひととつながっている感覚を保ちながら，徐々にそのひとから離れて，一人でも探索活動を活発に行うようになり，自分の世界を広げていくことができる．

それゆえ，発達初期にもっとも信頼できる相手を獲得でき，そのひとから自分が愛され，大切にされていることを繰り返し経験することで，子どもは自分を価値ある存在として認め，大切にできるようになっていく．また，ひとと関わることの楽しさや喜びを実感し，ひとを信頼することの基盤が培われていく．そして，ほかのひとを大切に思い，ほかのひとからも信頼される素地がつくられていく．

こうしたアタッチメントの形成は，おとなからの一方的な働きかけによるものではない．子どもからのアタッチメント行動（アタッチメントを形成し，それを維持しようとする行動）によって，おとな側の養育行動も引き出されている．

たとえば，赤ちゃんの微笑みは，周囲からの積極的な働きかけを引き出すために重要と考えられている．最初は，一瞬微笑んだかのようにみえる表情から，徐々におとなからの働きかけに応じて笑うようになる．赤ちゃんの笑顔をみると，おとなもつられるように笑顔になり，よりいっそう，子どもに働きかける．こうしたおとなとの間での応答的な関わりを通して，赤ちゃんは，嬉しくて，楽

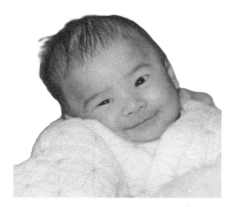

図 1.2 大好きなママに向けてニコッ♪

しくて，幸せなときに，大切なひとに向けて笑いかけるようになり，アタッチメントを形成することにもつながっていく（図1.2）．それゆえ，子どもからの働きかけにのせられて反応する自分も楽しみながら，子どもと関わり，信頼関係を築いていきたい．

1.3 育ち合うことの尊さ

1.3.1 権利の主体として育つ

　2023年4月にこども家庭庁が発足し，「こども基本法」が施行されている．「こども基本法」は，「全てのこども」を対象としており（第一条），児童の権利に関する条約（子どもの権利条約）の4つの原則である「差別の禁止」「子どもの最善の利益」「生命，生存及び発達に対する権利」「子どもの意見の尊重」を基本理念として取り入れている（第三条）．

　したがって，おとなは，0歳から権利の主体であることを認識したうえで，その権利を保障し，実践すると同時に，子ども自身も，0歳時期から権利の主体として育っていくことが求められている．こうした背景の1つには，「意見は言語として表明されるものだと誤解され，これにより，言語能力の未発達な乳幼児は権利保障から排除されてきたという歴史があります」（山岸，2023）と指摘されているように，これまで乳幼児期の子どもの意見表明権は十分に保障されてこなかったことがある．

　しかしながら，子どもは多様な感情や思いを有した存在である．また，乳幼児

期から，言語に限らず，音声やしぐさ，表情といった非言語も含めたさまざまな手段により，自らの感情や思いを表出し，伝えようとしている．

なかでも泣くことは，母語を獲得していない段階の子どもにとって，コミュニケーションの重要な手段の１つである．泣きの種類も多様であり，誕生後は空腹やオムツが濡れたなどの生理的な不快感を訴えて泣くことが多く，なぜ泣いているのかがわからないこともある．しかしながら，子どもが身体的・情緒的な不快を泣いて表した際に，おとなが推測し，適切な応答や援助をすることで，しだいに，寂しさや怒り，不安などを表現したり，「抱っこをしてほしい」などの要求を伝えたりする泣きに変化していく．

したがって，子どもの行為やしぐさなどの微妙な変化を見逃さず，それをまさに意見であると同定するおとなが必要（山岸，2023）であり，その際には，「子どもから見えている世界を共感的に理解していくことから出発する必要がある」（楠，2015）．なぜなら，こうした音声やしぐさ，表情といった非言語も含めたさまざまな手段による感情や思いの表出と伝達が「意見」として尊重されることにより，子ども自身も権利の主体として認められていることを実感し，権利の主体としての自覚をもって育っていくことにつながっていくからである．

1.3.2　大切なひとと，ともに生きていくために

胎児は，母親が胎動（母親がお腹のなかで感じる胎児の動き）を感じる以前の受精6〜7週頃から，多様な種類の運動をしながら生後の生活に備えている（小西，2017）．また，子宮内の環境が自分にとって危険な状態のときには，胎動の変化によって伝える（小西，2007）．

このように，ひとは，胎内にいるときから，自ら行動し，さまざまな働きかけをしている．同時に，こうした子どもからの働きかけは「大切なひとと，ともに生きていくため」とも感じられ，授かったいのちをよりいっそう，慈しみ，大切に育てたい．ただしその際，おとなだからといって，いつでも強く，完璧である必要はない．これまでみてきたように，ひとは生涯にわたって発達するのであり，子どもと関わるなかで，子どもを育てるひととしても育っていくからである．

たとえば，先述した泣きについても，子どもが泣くと，おとなにもネガティブな情動が引き起こされやすい．また，何をしても泣き止まず，理由もわからないともなれば，焦り，困惑し，泣き止まない子どもと，泣き止ませられない自分への否定的な感情や思いを抱いてしまうことも少なからずある．

しかしながら，子どもの泣きに対して，ネガティブな情動が引き起こされるからこそ，子どもに働きかけ，敏感に応答しようとする言動が引き出されるともいえる．実際，さまざまな種類の泣きがあり，それらが多様に変化していくのは，泣くことで，おとなが敏感に応答してくれるからこそ生じる．もっというならば，おとなからの日々の関わりを通して，「泣く」という行為に，言葉にできない感情や思いを込めることで，相手からの対応を引き出せることを，子どもが学ぶことができた証ともいえる．したがって，ひとにとって，泣くということは，信頼できる存在ができ，そのひとに対して「何かあれば助けてくれる，守ってくれる」という確信と見通しを獲得したという喜ばしいことである．

それゆえ，おとなになるということは，いつでも強く，完璧であり，涙をみせないことではなく，自分の弱さも大切にできること，つらさや悲しみなどを感じたときには泣けること，そして，涙をみせても変わらない関係があり，寄り添ってもらえることを経験し，実感していくことといえる．だからこそ，ほかのひとの泣きに対しても，「泣いていいよ，大丈夫だよ」と寄り添うことができるようになっていく．ここに，子どもとの関わりを通して，おとなも育ち，ときには育ちなおしていく姿があり，ひとがともに育ち合うことの尊さがある．

1.4　子どもの育ちに携わり，ともに育つために

子どもの育ちに携わり，ともに育つとは，人知を超えた存在から，ひとの手へと，いのちが託されるようになり，生をうけたひとと，いのちを託されたひとがともにいのちを大切に育むようになることとも考えられる．それゆえ，「育つ」「育てる」「育ち合う」ことのすべてにおいて，「いかなるときでも，どのような自分であっても，変わらずに愛されること」(高櫻，2025) が何より大切である．このことは，ひとに限らず，すべてのいのちに共通であり，子どもに限らず，高齢になっても同じことであり，他者を育てることに限らず，自分を育てるという意味においても重要である．

そこで最後に，筆者が 2016 年から子どもの育ちに携わり，ともに育つために必要なこととしてお伝えしている「し・あ・わ・せ・ほ・い・く♡」を紹介する (図 1.3)．

まず「しること」である．家庭での育児でも，保育・幼児教育機関での保育においても，子どもとの間，パートナーとの間，同僚との間で，まずは互いの思いや意図，考えに耳を傾けることが最初の 1 歩となる．そして，知った後は，信じ

図 1.3 「し・あ・わ・せ・ほ・い・く♡」

て「あずけること」が大切である．子どもの心身やいのちに危険がない限り，子どもを，パートナーを，同僚を信じて見守ることで，安心して自信をもって取り組むことができ，そうした積み重ねが互いへの信頼感の形成と，それぞれの発達につながっていく．

一方，子どもの育ちに携わっていると，可愛いさや成長を感じて，笑顔になって喜ぶと同時に，悩むことも壁にぶつかることもある．だからこそ「わかちあう」ことと，ともに「せおう」ことが大切になる．なぜなら，おとなは子どもの育ちに対する責任を背負う必要があるが，その際に，「しる」「あずける」「わかちあう」「せおう」関係があるとき，「ほっとできる」安心感が生まれ，子どものために「もっと○○したい」という「いよく」が湧き，多少のことでは「くじけない」といった，真の意味での強い絆を生むからである．

将来，あなたが育ちに携わる子どもとともに，あなたの人生も豊かなものとなり，ともに育っていく先に，たくさんの愛と大きな希望があるようにと願い，祈っている．

引用文献

Bowlby. J.：*Attachment and Loss, Vol. 1 Attachment*, Hogarth Press, 1969／新版 1982（黒田実郎・大羽蓁・岡田洋子・黒田聖一訳：母子関係の理論Ⅰ―愛着行動．岩崎学術出版社，1976／新版 1991）

遠藤利彦：乳幼児期における"care"と"education"の表裏一体性．発達 150 号，2，2017．

Gray, P.：*Free to LEARN: Why Unleashing the Instinct to Play Will Make Our Children Happier, More Self-Reliant, and Better Students for Life*, Basic Books, 2013（吉田新一郎訳：遊びが学びに欠かせないわけ―自立した学び手を育てる．築地書館，2018）

針生悦子：赤ちゃんはことばをどう学ぶのか，中央公論新社，2019

こども家庭庁：こども基本法，2023

小西行郎：もっと知りたい，おなかの赤ちゃんのこと，赤ちゃんとママ社，2007

小西行郎：運動は胎児期からはじまっている．小西行郎・小西薫・志村洋子：赤ちゃん学で理
　　解する乳児の発達と保育 第2巻 運動・遊び・音楽．10-11，中央法規出版，2017

楠凡之：現代の子どもの抱える生きづらさと生活指導―個人指導と関係性の指導に視点をあて
　　て，竹内常一・折出健二編著：生活指導とは何か，19-44，高文研，2015

嶋村仁志：子どもの権利と「遊び」．発達174号，80-86，2023

高櫻綾子：序．高櫻綾子編著：子どもが育つ遊びと学び―保幼小の連携・接続の指導計画から
　　実践まで，i-ii，朝倉書店，2019

高櫻綾子：教育とは，いのちを育み，自ら育とうとする力を支援する営みです．高櫻綾子編
　　著：「教育」を学ぶあなたに贈る20のストーリー ―すべてのひとに 良質な教育を いつか
　　らでも どこででも，1-10，朝倉書店，2025

内田伸子：日本のしつけ―子どもに親の価値観を伝える場．*CHILD RESEARCH NET*，2011
　　https://www.blog.crn.or.jp/report/02/133.html（2024年11月4日閲覧）

内田伸子：子どもの見ている世界―誕生から6歳までの「子育て・親育ち」，春秋社，2017

山岸利次：乳幼児の権利を巡る今日的課題．発達174号，8-13，2023

コラム 1-1

良質な保育・幼児教育を支える同僚性
―子どもの姿について語り合っています―

濱崎　心子

浦堂認定こども園は，大阪の北部，京都に近い高槻市にあります．創立 45 周年を迎え，いま，182 名の子どもと 52 名のおとなで，過ごしています．

「わっかる」を大切にした保育

私たちの園では，数年前から「わっかる」の時間を大切にしています．自分の意見を否定されない，ありのままでいてもいい，何を話してもいい安心できる場をつくり，みんなで話し合うことを行っています．「わっかる」では，基本的に 1 グループ 3〜5 名が輪になり，語り合います．自分のことを知り，ほかのひとの思いを知る時間です．

こうした語り合いの場において，重要な役割を担うのがファシリテーターです．ファシリテーターは，その場に集ったひとが何に関心があるのかを感じとり，「○○さんは，どう感じた？」「○○さんだったらどう考える？」などと問いかけます．問いかけられたひとは，その問いから自分の考えを深め，気持ちを整理していく時間をもちます．そして自分の考えや気持ちを伝え，ほかのひとたちから受け止められる経験を積み重ねていきます．

「わっかる」の輪の広がり

「わっかる」は，保護者との間でも行っています．たとえば，園の説明会では，一方的な説明をやめ，保護者に「子どもが入園するのに，不安はありますか？」「何か気になることは，ありませんか？」などを問いかけ，保護者が自分の思いを自分の言葉で語り，そこに集うみんなで考えることで，新しく始まる生活を不安なくスタートされているように感じます．行事のときの「わっかる」では，ある保護者が「2 人の子どもがいるが，上の子どもの子育てでは父親の役割ができなくて後悔していた」と語られ，ほかの保護者からその思いを受け止めてもらい，肯定的な言葉をかけてもらったことで，「自分には価値がある」と喜ばれていました．

子どもたちとの「わっかる」は，年齢別で行ったり，クラスの半分の子どもたちと行ったり，そのテーマや，語り合いたい内容で形を変えます．その際保育者は，子どもたちが想像しやすいように，子どもたちから発せられた言葉をまとめたり，

話が深まるように問いかけたりしながら，子どもたちと一緒に考えることを大切にしています．

　写真の「わっかる」は，「園庭に木を植えて，どうしたら大切にできるか」について，話し合っている場面です．「小さい木は，大切にする」「細いのは，登らない」「でも，大きい木も植えたで」「太い木もあった」「どうしたら，植えた木と，前からある木がわかるかな？」「マークつける？」「道路とかにあるマークがいいと思う」「どんなん？」「○と線とで，こんなマーク」などさまざまな意見が出ました．

　保育者同士での「わっかる」では，子どもの姿を通して，いまの自分の気持ちを語り合うことと，悩みや困っていることをありのまま語り合えることを大切にしています．こうしてお互いを認め合うことが同僚性を築くことにつながっているように感じます．そして，保育者同士に加えて，子どもと保育者，子ども同士，保育者と保護者との間でも，いつでも何でも語り合え，わかり合える「わっかる」の輪を広げていくことが良質な保育・教育を支えるものになると考えています．

コラム **1-2**

専門性の維持と向上
―施設・学校段階を超えた研修も必要です―

與儀　毅

　沖縄県南城市では，2021年度まで，市役所の教育部が幼稚園対象の研修，福祉部が保育所・こども園対象の研修を実施し，保育の質の向上と小学校への接続を図ってきました．その取り組みをさらに充実させるために，2022年10月に教育部と福祉部の協働で南城市幼児教育センターを立ち上げ，市内の幼児教育施設の保育の質の向上と小学校以降の学びへの発展をめざして取り組んでいます．

幼児教育の豊かな学びを小学校以降の主体的・対話的で深い学びへとつなげるために
　本市には2024年度現在，市立幼稚園1園，市立こども園1園，こども園7園，保育所18園，小規模保育所7園，認可外保育所5園，小学校9校，中学校5校があります．これらの園と学校を4つのブロックに分け，幼児教育から小学校教育へ，さらに中学校教育へと連携体制を構築し，切れ目なく誰一人取り残さない保育・教育をめざしています．私たちの取り組みの特徴は，幼児教育施設と小学校との円滑な接続のみをめざすのではなく，幼児教育の豊かな学びを小学校以降の深い学びとしての展開を意識していることだと思います．幼児期に遊び込むことで学んできた経験を，小学校以降の主体的・対話的で深い学び，とくに探究型の学びとして充実させていくことを大切にした取り組みともいえます．この取り組みについては小学

校入学の際，リーフレットで配布することで，保護者との間でも，本市がめざす学びの方向性を共有しています．そこで本市の取り組みのなかから，幼児教育から小学校以上の教育へと学びをつなげるために行っている内容をご紹介します．

小中学校における公開授業と幼児教育施設における公開保育

　市を4つのブロックに分け，4〜5月にかけて小学校1年生のスタートカリキュラムの公開授業，小中学校の夏休み期間に幼児教育施設の公開保育，そして10月に中学校の公開授業を実施しています．その研修に，幼児教育施設の職員，小学校教員，中学校教員が参加し，保育・授業参観と振り返りを実施しています．中学校教員も参加することで，幼児教育と小学校教育との接続に加えて，中学校教育までを含めて，発達の段階に応じた主体的・対話的で深い学びについての共有が図られ，意見交換ができます．意見交換では，保護者にも配布しているリーフレットに記載している，遊びから探究への学びのつながりを踏まえた内容が話し合われます．幼児教育施設の職員は，小学校や中学校での学びの展開について共有することで，幼児教育施設における遊びについて，これまでにはなかった長期的な学びの発展を意識した検討もできるようになっています．

幼児教育施設と小中学校職員の合同研修会

　幼児教育施設と小中学校の教員が互いの保育や授業を見学し合うことに加えて，パネルディスカッションや講演会を実施し，それぞれの立場からの意見交換や合同で学び合う機会を設定しています．

保育ドキュメンテーションとカリキュラム一覧表の作成

　本市では，子どもたちが自らの遊びを振り返ることと，保育の質の向上を図る手立てとして，保育ドキュメンテーションを活用しています．2023年度には，各園の保育ドキュメンテーションを紹介し，市内の幼児教育施設職員や小学校の教員も参観できるようにしました．幼児教育施設の職員間での意見交換だけでなく，小学校の教員からもコメントを得ることにより，新しい視点での振り返りができ，日々の保育の質の向上につながってきています．また小中学校では，生活科や総合的な学習の時間を中核とし，教科横断的で探究的な学習の写真や，児童生徒の振り返りを記載したカリキュラム一覧表を作成しています．この類似した取り組みにより，幼児教育・小・中それぞれの発達の段階に応じた主体的・対話的で深い学びについて共有化が図られ，保育・教育の質の向上につながっています．

　本市での取り組みはまだ始めたばかりです．今後も，幼児教育施設の職員と小中学校の教員が協働し，施設・学校段階を超えた共通の取り組みも進めながら，互いの専門性を高め，保育・教育の質の向上を図っていきます．

第2章 質の高い遊びをしている子どもは、有能な学び手です

齋藤久美子

2.1 質の高い遊びをしている子どもは、有能な学び手になるのか？

「質の高い遊びをしている子どもは、有能な学び手です」という本章のタイトルは果たして本当だろうか。遊んでいて賢くなるなら、幼いうちから遊ぶのを我慢してやりたくもない課題をこなしたり、机上の勉強や塾通いに勤しんだりする必要はないだろう。そんなうまい話があるはずがない。しかしこのタイトルは本当である。遊んでいても学べる、いや、遊ぶからこそ学べるのである。本章ではその証拠を示していこう。

ベネッセ教育総合研究所（2016）が行った「園での経験と幼児の成長に関する調査」によると、園生活で「遊び込む経験」が多い子どものほうが「学びに向かう力」が高くなるという結果が出ている（図 2.1）。

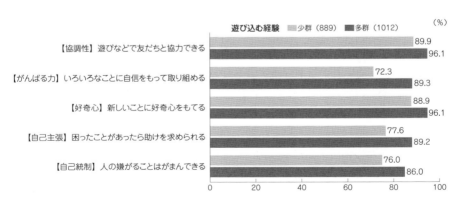

図 2.1 子どもの「学びに向かう力」（遊び込む経験別）（ベネッセ教育総合研究所, 2016）「学びに向かう力」は、5つの領域（好奇心・協調性・自己統制・自己主張・がんばる力）に関わる 15 の質問項目から構成される。各領域を代表する質問項目を1つずつ図示。

2.1.1 「学びに向かう力」とは「非認知能力」のこと

　「学びに向かう力」とはいわゆる「非認知能力」のことであるが，この言葉を耳にしたことはあるだろうか．知識，計算，思考力などの「学力」に近いような「認知能力」とは異なり，目標に向かって意欲をもつ，努力する，他者と協力するなどという「生きる力」に近いような力のことである（第6章参照）．ノーベル経済学賞を受賞したヘックマン（Heckman, 2013, 古草訳, 2015）は米国で1960年代に行われた「ペリー就学前プロジェクト」など長期縦断研究のデータの再分析を行った．このプロジェクトは貧困家庭の3，4歳児に幼児教育と家庭訪問を実施し，成人後も追跡調査を行っている．プログラムを受けなかった集団と比較すると，プログラムを受けた子どもたちの高校卒業率や収入は高く，生活保護率や犯罪率は低くなるなど，人生のさまざまな点でよい結果が得られた．つまり，国の予算配分上，幼児期の教育が投資効果として極めて高い収益があることも明らかにしたといえる．さらに面白いことに，このプログラムを受けた直後は学力に差がみられたが，小学校中学年以降に差はなくなった．そこでプログラムで効果がみられたのは「認知能力」ではないもの，すなわち「非認知能力」が育ったためであることが推察された．ヘックマンの専門は経済学のため，非認知能力の内容の分析は行っていないが，この調査がもたらしたインパクトは大きく，現在も各国で研究が進められている．

　「非認知能力」は「社会情動的スキル」とも呼ばれ，子どもの生涯にわたる学びを支える能力として注目されている（OECD, 2015, 無藤・秋田監訳, 2018）．ベネッセ教育総合研究所（2016）の調査では「学びに向かう力」として「好奇心」「協調性」「自己統制」「自己主張」「がんばる力」の5つを設定している．よく遊んだ子どものほうが，このすべてで高い値が出ている（図2.1）．「学びに向かう力」は，幼稚園教育要領，保育所保育指針，幼保連携型認定こども園教育・保育要領において「育みたい資質・能力」（「知識及び技能の基礎」「思考力・判断力・表現力の基礎」「学びに向かう力，人間性等」）の3つ目として位置づけられている．

2.1.2 子どもたちの将来に必要な力

　OECD（経済協力開発機構）は2015年に「教育のスキルの未来2030プロジェクト」を立ち上げた．その成果として複雑で予測困難な将来の世界を生き抜き，社会や地球全体をよくしていくために必要な力を「OECD学びの羅針盤2030」にまとめ，「新たな価値を創造する力」「対立やジレンマを克服する力」「責任あ

る行動をとる力」の3点を示している（白井，2020）．

　事実，私たちはいま，飛躍的にグローバル化，情報化が進み，生活が便利になる一方で，環境問題，災害，感染症，戦争など大きな課題を抱え，将来の変化を予測することが困難な時代に生きている．子どもたちの65％は将来，いまは存在しない職業に就くという予測もある（ニューヨークタイムズ，2011）．変化の少ない安定した社会であれば，おとなが必要と考える既存の知識を子どもが暗記するような勉強も有効かもしれない．しかし今後は，このような方法で身につけた知識を使って解決できる問題は多くはないだろう．

　では，今後必要となる学びはどのようなものなのだろうか？　たとえば子どもたちが力を合わせて園庭を掘って川をつくり，園舎を一周させるような遊びを思い浮かべてみよう．子どもたちは土を掘り，水を流す遊びが大好きだ．地面に溝をつくり，水を流し，川をつくるなかで，水がスムーズに流れない場所があれば，原因を考え，もっと土を深く掘ろうとしたり，方向を変えようとしたり，夢中になり試行錯誤をする．友だちと遊ぶなかですれ違いや衝突も起こるが，一緒に遊びを続けたい仲間がいるからこそ，自分の思いが相手に伝わるように表現を工夫し，折り合いをつけることも経験する．遊ぶうちに川で園舎を一周させようという目標が生まれ，やがて「工事」と呼ぶようになり，汗を流し，懸命に難所を乗り越え，何日もかかって力を合わせて掘り続け，ついに園舎を囲むことに成功する．こうした経験が，困難にぶつかることがあっても，がんばったらきっとできるという自信と，次のチャレンジへの意欲を育むことにつながっていく．

　これからの社会は，こうした遊びのように自ら未知の課題に関心をもち，工夫して，他者との対立を乗り越えて協力しながら，困難があっても立ち向かってい

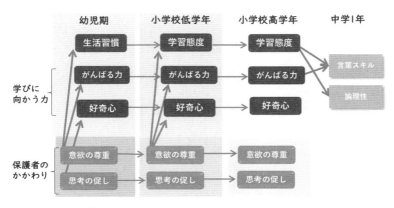

図 2.2　幼児期から中学1年までの追跡調査（同時期の影響）（ベネッセ教育総合研究所，2023）

2.1　質の高い遊びをしている子どもは，有能な学び手になるのか？

く，そして挑戦することはやりがいがあって楽しいと思えるようなひとを育てていくことが必要だろう．

　実際に，ベネッセ教育総合研究所（2023）は，幼児期から中学生までの発達を継続して調査し，幼児期に「遊び込む経験」をして育った「学びに向かう力」は，その後，小学校での「学習態度」とともに，中学1年生の「言葉スキル」や「論理性」にまで影響を与えるという結果を出している（図2.2）.

2.2　遊びとは何か

2.2.1　幼稚園教育要領などの法令における遊び

　そもそも遊びとはいったい何だろう．遊びについて，たとえば「幼稚園教育要領」（文部科学省，2017）では「幼児の自発的な活動としての遊びは，心身の調和のとれた発達の基礎を培う重要な学習であることを考慮して，遊びを通しての指導を中心として第2章に示すねらいが総合的に達成されるようにすること」と示されている．つまり「遊びは子どもが自分から行う行動」であると同時に「遊びは学習」であり，保育者は「遊びを通して指導する」ということである．したがって「幼児期の教育はどのようなものか」と問われれば，「遊びを通しての総合的な指導」ということが回答になる．

　遊びは子どもが主体的に取り組むものなので，保育者が一方的に活動を決めて全員に同じことを強制するようなものは遊びとはいえない．また，主体性に任せて放っておいても学びにつながるような遊びが生じるとはいえない．子どもが自分から遊びたくなるように，保育者は子どもをよく見て，子どもの興味・関心が動きだすような遊びの環境を準備する（第3章参照）．子どもが遊んだら，もっと遊び込めるように，保育者はイメージが豊かになるような言葉がけをしたり，素材を探究できるような材料や道具を追加したり，少し難しいことに挑戦したくなるような問いかけや援助を行う．このような保育者の働きかけのもとで，子どもは楽しく夢中で遊ぶうちに，いつのまにかさまざまな力が高まっていくのである．ここで大事なことは，たとえば手先を器用にするなどという単一の目的に向かって遊ばせるのではなく，あくまでも子どもは遊びたくて遊び，遊びながら周囲の環境とのさまざまな関わりを経験するなかで，結果として手指の発達が促進され，「学ぶ」ということにつながるということである．

　すなわち遊びを通して指導するという方法は，子どもにとっての生きた文脈と切り離し，おとなが一方的に「いじわるはいけません」「1，2，3と数えます」

18　　第2章　質の高い遊びをしている子どもは，有能な学び手です

図 2.3 砂でクッキーたくさんつくったよ（4歳児）

というようなことを教え込むやり方ではない．おもちゃの取り合いが起こったときに，「遊びたかったの？ ○○さんは遊んでいたおもちゃがなくなって嫌だったんだって．ぼくも遊びたいよ，貸してってお話ししてみようか」と仲立ちをすることで，自分の思いの適切な表し方を知り，他者の気持ちと出会う機会となる．また，図2.3のように，子どもが砂でクッキーをつくって並べていたら，「おいしそうなクッキーをいっぱいつくったんだね．何個あるんだろう．一緒に数えてみようか．い〜ち，に〜い…」と保育者が喜び，言葉をかける．自分のつくったクッキーを指さす様子を目にしながら数唱を耳にする経験は，さらに「たくさん」つくりたいと数量への関心を高める契機となるだろう．

2.2.2 遊びを通しての総合的な指導

次に，こうした遊びを通しての「総合的な指導」の側面について考えてみよう．保育内容は5領域に分かれているが，幼稚園教育要領解説（文部科学省，2018）には，領域は「指導を行う際」「環境を構成する場合」の「視点」であり「それぞれが独立した授業として展開される小学校の教科とは異なるので，領域別に教育課程を編成したり，特定の活動と結び付けて指導したりするなどの取扱いをしないように」と明記されている．ではどのように保育を構想すればよいのだろうか．

例として泥だんご遊びを考えてみよう．子どもたちは実に長い時間をかけて，まん丸でピカピカ輝く泥だんごをつくろうと情熱を注ぐ．熱心に取り組まれる泥だんごづくりという1つの遊びを5領域の視点からみてみよう．戸外に出て夢中

になって遊ぶ．遊び終えたらどろんこになった服を脱ぎ，清潔な服に着替え，手洗いをしてさっぱりして，おいしい昼食でお腹を満たす経験は，領域「健康」につながる．友だちのつくる泥だんごに心を惹かれて自分もつくり始め，大事につくってきた泥だんごが壊れて悔しくても，友だちのがんばる姿をみて，諦めずにもう一度つくろうとしたり，サラ砂のつくり方を教わったり，てのひらを使った磨き方を一緒に試す関わりは，領域「人間関係」につながる．砂に水を含ませると固まるが，水を多くしすぎると緩んでしまうこと，砂にも種類があり園庭の場所によって色や手触りや固まりやすさが違うことなど，自分の手で触れた環境の不思議さを感じながらその性質や仕組みに気づく経験は，領域「環境」につながる．一緒に泥だんごづくりをするなかで，「その砂どこにあるか教えて」「次バケツ使わせて」と自分のしたいことやしてほしいことを言葉で表現したり，「滑り台の下の白砂をまぶすといいよ」という友だちの言葉に耳を傾けたりすることは領域「言葉」につながる．乾いた砂，濡れた砂，たっぷり水を含んだ泥を手で触って感触の違いを楽しみながら水分量を感じたり，砂をふるう音を感じながらリズミカルに動かしたり，手の形を変えながらより滑らかできれいな球形をつくろうとしたり，「お月様みたい」と感性を働かせながら自分の求めるイメージに近づこうとする姿は，領域「表現」につながる．

　このように泥だんご遊びをひとつとっても実に多様な経験が生まれ，そしてそれは単独ではなく，それぞれがつながり合い，関わり合って生起する．だからこそ保育者はそのときの状況や子ども個人によって異なる「○○さんの今日の泥だんご遊び」の展開を予測し，遊びがより豊かに，友だちとともに，探究できるよう，事前の環境構成や一緒に遊びながらの援助を行う．このように，幼児期の教育は生活や遊びのなかでの興味・関心に沿った具体物を扱うなかで，総合的，体験的に学べるように行うのである．

2.3　遊びで何が育つのか

2.3.1　遊びと意欲

　これまでに遊びが非認知能力を育てることを述べてきたが，実は運動能力や認知能力の面でもよい影響があることがわかっている．運動や文字などの一斉指導を行って「いない」園のほうが，子どもの運動能力（図 2.4）や語彙力（図 2.5）が高いという調査結果が出ている．おとなが時間を取って指導するよりも，子どもが自由に遊ぶほうが，能力が高まるのはなぜなのだろうか．

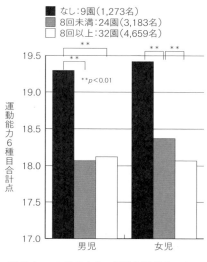

図 2.4 1 か月当たりの運動指導頻度による運動能力の差（杉原，2010）

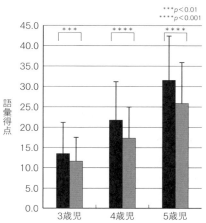

図 2.5 保育形態による語彙力の差（内田・濱野，2012）

2.3.2 自己決定と意欲

　語彙力の研究（内田・濱野，2012）を取り上げると，図2.5に示したように自由保育の園のほうが子どもの語彙得点が高いという結果が出ているが，これはドリル学習などよりも放任が効果的ということを意味しているわけではない．たとえば多くの園で「お手紙ごっこ」が流行するが，これは子どもたちが文字に関心をもつ時期に，保育者がポストを設置するなどして，子どもたちの「もっと手紙を書いてみたい」「気持ちを伝えたい」という意欲が高まるような援助をしているからである．お手紙ごっこから，郵便屋さんの鞄や切手，スタンプ（消印），看板もほしいと思いつき，保育者は必要な素材を追加し，難しい部分は手伝いながら遊びが発展していく．楽しい，もっと遊びたい，という意欲に突き動かされ，文字に親しむ経験が重ねられていくのである（コラム 8-2 参照）．

　保育者が厳しい雰囲気で，取り組む活動を強制したり，内容が簡単すぎたり難しすぎたりするような環境では，子どもの力は伸びない．子どもが他者からやらされるのではなく，自分ですることを決めること，自ら周囲の環境に触れ好奇心を働かせながら試行錯誤をして，環境を理解したり，できるようになっていくこと，周囲には自分のすることをポジティブに見守り，助けてくれたり一緒に喜んでくれたりする保育者がいること，こうした環境が意欲を高めることがわかっている．この点について，鹿毛（2022）はデシ（E. L. Deci）とライアン（R. M.

Ryan)の「自己決定理論」を解説するなかで,ひとには基本的な心理的欲求があり,環境と効果的に関わりながら学ぼうとする「コンピテンス」,行為を自ら起こそうとする「自律性」,他者と関わろうとする「関係性」,この3つの欲求を同時に満たすと意欲が高められ,健康で幸福な状態でいられる(鹿毛,2022)とした.

2.4 質の高い遊びに向けて

2.4.1 遊びを援助する保育者の役割

乳幼児期の発達や学びにおいて遊びが重要であることを示してきたが,その際,遊びの質の高さが必要であった.それでは,遊びの質はどのようにしたら高まるのだろうか.これまでみてきたように,遊びや子どもの主体性は,放任すれば生まれるということではない.子どもが思わず遊びたくなるような魅力的な環境をつくり,遊びのなかで学べるように援助するのが保育者の役割である.保育者は子どもの姿や遊びの展開などについての判断を繰り返し,自らの遊びへの参加度合いを調整するという動きのなかで遊びを援助している(コラム 5-1,コラム 6-1 参照).

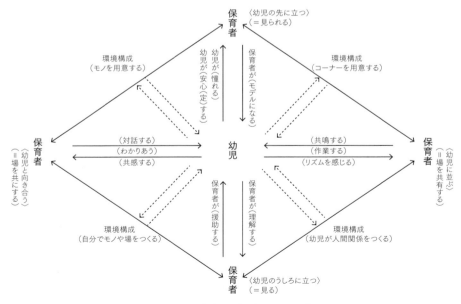

図 2.6 保育者の役割(小川,2000)

小川（2000）が整理した保育者の役割（図2.6）から，援助の段階を考えてみよう．魅力的な環境があっても，子どもにとっては新しい遊びの参加には時間を要することも多い．そこでまず保育者が遊びの「モデルになる」．子どもは保育者の姿をみることにより安心し，理解し，やってみたい，面白そうという関心が湧いてくる．子どもが遊び始めたら遊びが続くように保育者が一緒に遊び「共鳴する」．保育者がともにからだを動かし，互いに楽しい表情を見せ合う．そのようななかで子どもは遊びのリズムをつかみ没頭していく．そして遊びについての思いや考え，疑問を言葉にし「対話する」ことで，思いに共感し，理解し合う．その後は保育者は一歩離れ，遊びが停滞しないよう「見る（見守る）」．見守りとは子どものやりたいことや課題を理解し，必要に応じて援助するためのものである．このような保育者の関わりが，質の高い遊びを維持し，子どもの主体性を育てていく．

2.4.2　挑戦的な活動と子ども理解の視点

遊びを通しての指導の発展性を示す取り組みの1つが，子ども同士で目的を共有して協力して取り組む「協同的な活動」「プロジェクト保育」である（コラム2-1，コラム7-2参照）．子どもの興味・関心から始まり，テーマを継続し，保護者や地域の協力も得ながら探究していく，挑戦的な活動である．『三匹の子豚』を読み本物のレンガを焼く（磯部・福田，2015），色水遊びから香水づくりに発展する（大豆生田，2014），園舎の高さから園独自の単位を開発する（大豆生田，2014）など，おとなもわくわくする魅力に満ちている．

その際，見通しをもって環境を構成し，適切な援助を行うことが必要であり，子どもたちの経験を写真や文章で表す「ドキュメンテーション」や「ラーニング・ストーリー」などの記録方法が効果的である（第8章参照）．これらの方法は，活動の結果だけではなく，何をしようとしたのか，何に気づき，考え，どのように取り組み，工夫や失敗や挑戦があったかという「プロセス」を捉えることができるためである．そして，保育者だけでなく，保護者や子ども自身にもみえる形にして，対話を行う．それが次の活動への期待や意欲につながっていく．

2.5　乳児期から将来に向けて

2.5.1　人生の基礎としての「アタッチメント」

遊びやさまざまな発達の土台となっているのが，乳児期の「アタッチメント

図 2.7 抱っこで靴を履かせなおしてもらううちに元気を取り戻してまた遊びに向かう

（愛着）」である（遠藤，2017）．広い意味では保護者や保育者など特定の他者との情緒的な絆を指すが，基礎となるのはネガティブな感情を身体接触で調整して安定させる仕組みである．子どもは遊びのなかで恐れや不安を感じた際に保育者にくっつこうとする．保育者は負の感情に寄り添い，受け止め「怖かったね，大丈夫だよ」と子どもの感情を言葉にして調整する（図 2.7）．子どもが安心感を回復したら「みているから遊んでおいで」と再び遊びに向かえるように離れることを促し，見守る．いざとなったら守ってもらえるという「安全基地」として保育者が機能すると，子どもはおとなから離れても自ら遊び，自律へ向かっていく．子どもが自ら環境と関わって探索するという学びの大事な基礎がアタッチメントなのである（第 1 章参照）．

2.5.2 将来に向けて

社会の変化の激しさに自分が無力に感じることもある．これ以上，酷いことが起こらないでほしいとただ願うばかりになることもある．しかし私たちは無力ではない．将来をつくるのは子どもたちであり，その子どもたちを育てるのが保育・幼児教育である．「OECD 学びの羅針盤 2030」で示されたように，「変化に対応する」のではなく「変化を起こす」ひとを，将来をつくっていけるひとを，育てていこう．そのためには子どもの興味に関心を寄せ，探究する意欲や活動を支えながら，子どもとともに真剣に遊び，思い切り楽しい保育をつくっていこう．私たちがつくりたい将来のために．

引用文献

ベネッセ教育総合研究所：園での経験と幼児の成長に関する調査，2016

ベネッセ教育総合研究所：幼児期から中学生の家庭教育調査・横断調査，2023

遠藤利彦：赤ちゃんの発達とアタッチメント―乳児保育で大切にしたいこと，ひとなる書房，2017

Heckman, J.：Giving Kids a Fair Chance, MIT Press, 2013（古草秀子訳：幼児教育の経済学，東洋経済新報社，2015）

磯部錦司・福田泰雅：保育のなかのアート―プロジェクト・アプローチの実践から，小学館，2015

鹿毛雅治：モチベーションの心理学―「やる気」と「意欲」のメカニズム，中央公論新社，2022

文部科学省：幼稚園教育要領，2017

文部科学省：幼稚園教育要領解説，2018

ニューヨークタイムズ：Education Needs a Digital-Age Upgrade, 2011, https://archive.nytimes.com/opinionator.blogs.nytimes.com/2011/08/ 07/education-needs-a-digital-age-upgrade/

OECD：Skills for Social Progress: The Power of Social and Emotional Skill, OECD Publishing, 2015（ベネッセ教育総合研究所企画・制作，無藤隆・秋田喜代美監訳，荒牧美佐子・都村聞人・木村治生・髙岡純子・真田美恵子・持田聖子訳：社会情動的スキル―学びに向かう力，明石書店，2018）

小川博久：保育援助論，生活ジャーナル，2000

大豆生田啓友：「子ども主体の協同的な学び」が生まれる保育（Gakken 保育 Books），学研教育みらい，2014

白井俊：OECD Education2030 プロジェクトが描く教育の未来，ミネルヴァ書房，2020

杉原隆：園児の運動能力と運動指導ならびに性格との関係．体育の科学，**60**(5)，341-347，2010

内田伸子・濱野隆：お茶の水女子大学グローバル COE プログラム 格差センシティブな人間発達科学の創成 2 巻 世界の子育て格差―子どもの貧困は越えられるか，金子書房，2012

コラム **2-1**

遊びが生み出す学ぶ力
─ミッションは，思いっきり遊んで，
仲間と協力することです─

濱崎　心子

「遊ぶ」ことと「学ぶ」こと

　「遊ぶ」ことと「学ぶ」ことは，一方的におとなから教えられるものではなく，やらされるものでもありません．大切なことは，子ども自身が面白がり，考え，やってみて，わかってくることだと考えます．こうした遊びから生まれる探究心こそが学びへとつながっていきます．そのためには，物的・空間的環境と人的環境が整っていることが大切になります．なぜなら物的・空間的環境が整えられていることで，子どもたち自身の興味や関心がより明確になり，次のアイデアが生まれ，興味が深まってくるからです．そして「遊び」を深めるためには，もう1つ大切なことがあります．それは，子ども自身が「安心して遊べる」ことです．自分のそのまま，ありのままを愛してくれる存在があってこそ，安心して遊びに向かえるのです．

　子どもの遊びに失敗はありません．遊びのなかでうまくいかないことが起きたとしても，それは「できなかった」のではなく，「うまくできなかったことを知った」だけのことなのです．そして「今度はこうしてみよう！」と考えられること自体が「学び」になります．だからこそ，子どもたち自身が多様な経験のなかで試行錯誤することが大切であり，ときには遊びのなかで，うまくいかないことも含めて，すべて「遊び」であり，学びなのです．

味噌汁プロジェクトを通して

　担任保育者は，子どもたちの遊びと，遊びを通して学んでいくことを手助けします．その際，担任保育者が子どもの思いを受け止めようとしすぎて，担任保育者自身の思考が固くなってしまうことがあります．そこで私たちの園では，定期的に保育者が集まって「プロジェクト会議」を行っています．そのときに大事なことは，どんな意見を言ってもよい場にすることです．そうすることで安心感が生まれ，面白い案が飛び出します．このアイデアこそが遊びを膨らませるヒントになります．そして，この時間を繰り返すことで，柔らかい思考ができるようになります．

　具体例として，3・4・5歳児の縦割りクラスでの遊びを紹介します．冬になり，

外で焚火をしたときに，お湯を沸かして飲んだ経験から，「お湯でおいしいものをつくりたい！」と「味噌汁プロジェクト」が動き出しました．

「お湯で炊くと，だしが取れることを家で聞いてきた」「年長組のプロジェクトでつくった干ししいたけをもらおう！」「だしは，鰹節とか昆布がある」など子どもたちから次々に言葉が出てきます．保育者が「ほかには？」と，聞いてみると，「梅干しを入れたら？」など，さまざまな案が出ました．

保育者は子どもと話し合いながら，味噌汁をつくる準備をします．鍋をコンロにかけて，材料を入れたら，水からコトコトと炊きだして，だしを取り，どのだしがおいしかったのかを投票で決めました．結果，「鰹節」のだしに決定しました．

そこで保育者が「このだしで，どうする？」と問いかけると，「畑で育てている野菜を入れたい」「年長組がつくった味噌を入れたら？」「外で前みたいに，火をつけてつくりたい」など，さまざまな案が出ました．その後，味噌汁を味わい，だしに使われた魚の研究などにも興味が広がりました．

このように子どもたちはプロジェクト保育を通して，遊びを発展させていきます．私たちの園では，プロジェクト保育を「子どもが自分自身で決め，方法や進め方を選び，結果を見極め，失敗したらやりなおす自由があるもの」と考えています．なぜなら遊びには，一人一人の子どもの興味から始まり，子ども自身が考え，試していくことが必要だからです．そのため遊びが深まらないときには，保育者はできるだけ子どもと相談して遊びが深まる環境をつくります．

「この遊びをしたから，学びがあった！」というのではなく，日々のふとした瞬間や，子どもの気づきから，遊びが始まり，子ども自身の心が動いているとき，面白がって遊んでいるとき，そのなかに学びが生まれていると考えます．だからこそ，子どもたちが，そのものごとや素材と向き合い，深く探究したり，ときには一人で，ときには友だちと協力しながら，遊びを通して，学ぶ力を培っていくことを手助けしていきたいと思います．

コラム 2-2

遊びのなかで自ら考え工夫する
―「だめ！」ではなく「危ないならどうする？」―

古矢美由起

　本園は「文の京」文京区の閑静な住宅街にあります．園庭に加えて，目の前には公園があり，児童館も併設しているので屋上もあり，戸外遊びも充実しています．

子どもたちは遊びのなかで何を学ぶのか？

　子どもたちは，遊びを通して，心身の発達が促され，ひととの関わり，仲間との協力，思いやり，イメージを具体化することなどを学んでいます．そのためには保育園が安心できる環境であること，子どもたちが興味・関心を抱き，「やってみたい」「やってみよう！」と思える環境であることが大切です．同時に，安全であることが大前提となります．この「安全」は保育者が保障すると同時に，子どもたち自身が危険に気づいたり，危険なときにはどうしたらよいかを考え，工夫したりして，自ら安全をつくりだすという意味もあります．

子どもたち自身が考え，行動し，安全をつくりだすために

　私たちの園には「自分で自分のからだを守れるような子どもを育みたい」「いま，自分はどういう状態にあるのかをしっかりと考えられるひとになってほしい」という思いがあります．そこで保育者が規制するのではなく，子どもたちと相談することを大切にしてきました．

　園庭では異年齢が一緒になって遊ぶことも多く，年上の子どもたちは年下の子ど

もたちが園庭に出てくると遊び方を考えられるようになってきました．鬼ごっこをやっていて，保育者が「年下の子が多くなってきたけどどうする？」と問いかけると，子どもたちは走るのではなく早歩きの鬼ごっこに…．年下の子どもたちもいつもそうした環境で過ごしていることもあって，怖がることもなく自然に年長の子どもたちと交わって遊んでいます．またある日，1歳児クラスの子どもがビールケースの上を歩いていて降りようとしたときに怖いと思ったのか，保育者に「手をつないでほしい」と要求していました．私は保育者に「手をつないで飛び降りることに慣れてしまうと，どんな高いところも大丈夫と思ってしまうから見守っていてね．でも，本当に危ないときはすぐに手を差し伸べられる位置にいてね」と話しました．そうすることで，1歳児クラスの子どもでも自分で考え，後ろ向きになり，足からそーっと降りていました．こうした経験を重ねていくことで「怖いときにはこうしよう」と考えられるようになってくると思います．

　このように子どもたち自身が安全をつくりだすことは，同異年齢の子どもがともに遊ぶことを可能にすると同時に，卒園後，自分で小学校に通学するうえでも必要な経験となります．危険だからといってすぐに「だめ！」と止めるのではなく，「大丈夫だと思う？」「どうやったらできるかな？」と子どもと相談すること，そして，本当に危ないと思ったときは「いまはそばにいられないからやめようね」と伝えることも大切です．

　自分で自分の身を守れるように，自分のからだと相談しながら考えてみること，子どもたちのやる気を削ぐことなく，失敗を恐れず，挑戦する姿を見守り，安心できるような場所にしていけること，そのためには保育者全体の共通理解と保護者への説明・理解がとても大事です．それが保育園の役割だと思っています．

第**3**章 さまざまな環境には，保育者から子どもの発達への願いが込められています

福元真由美

3.1 保育の環境を考える

3.1.1 子どもにとっての環境

　乳幼児期は，おとなから一方的に知識や技能を教えられるのではなく，自分の興味や欲求にもとづく直接的・具体的な体験を通して，必要なことを身につけていく時期である．この時期の直接的・具体的な体験は，子どもが遊びや生活を通して環境からさまざまな刺激を受け，自分から興味をもって環境に関わり，充実感や満足感を味わうことが基本である．保育において，子どもの周りにあるすべてが，子どもが関わる環境といえる．具体的には，園舎などの建物や設備，自然物や素材，物理的な事象，遊具・出版物や通信機器といった文化や情報に関するものなどの物的環境や，保育者やほかの子ども，家族，それらの人間関係や雰囲気，意識や価値観などの人的環境がある．さらに，遊びや生活の時間や空間などのほか，さまざまな環境が関連して生まれる状況も，保育では環境として捉えている．

　このような環境が子どもの周りにただあればいい，というわけではなく，一人一人にとって意味のある環境になることが大切である．保育では，子どもが自分から環境に関わることを通して，それぞれの発達を促すことをめざす．保育の営みにおいて，一人一人の発達に応じて必要な体験が得られるような環境が，子どもにとって意味のある環境といえる．

　子どもの周りの環境が意味のあるものになるように，保育者は「環境に関わって子どもにこんな体験をしてほしい」という願いや意図をもって環境をつくっている．このことを保育では「環境の構成」という．「環境の構成」における保育者の願いや意図は，保育を計画するときに，目の前の子どもの理解をもとに，その時期にどのような体験をすることが必要かを考え，設定する具体的なねらい，内容に重なる．保育者は，子どもの関わる環境が保育のねらいや内容にふさわしいものになるように，ものやひと，自然や社会，場や時間などのさまざまな

環境の条件を関連づけている．そうして，子どもが自分から動き出し，必要な体験を積むことができるような状況をつくりだしていく．これが幼稚園教育要領（2017）などに記されている「環境を通して行う教育（及び保育）」である．

3.1.2　環境を通して行う教育（及び保育）

上述のように「環境を通して行う教育（及び保育）」は，子どもが環境に主体的に関わることを大切にする．しかし，素材や遊具，用具のみを用意して，子どもに好きに遊んでもらえばいいというものではない．また，特定の知識や技能，態度などに関することを環境から取り出し，それらを子どもに直接押しつけるものでもない．「環境を通して行う教育（及び保育）」は，教育的価値（子どもの発達に有意義な体験を生むなどの特質）の織り込まれた環境に子どもが興味をもって関わり，試行錯誤して環境へのふさわしい関わりができるようになることを意図している．子どもに身近な環境のもつ特徴や性質について，保育者は普段から研究し，その教育的価値を理解して，保育の実践で活用できるように備えておくことが大切である．

3.1.3　ブロンフェンブレンナーの生態学的環境

子どもと環境の関わりについて，より広い視点で考えてみよう．ブロンフェンブレンナー（U. Bronfenbrenner）は，生き物と環境を相互作用で捉える生態学を応用し，子どもの発達を，子どもと環境の複雑な相互作用で考えることを提案した（Bronfenbrenner, 1979, 磯貝・福富訳, 1996）．彼は，子どもを取り巻く環境を，個人が直接影響を受ける距離などの順に4つのシステム（マイクロシステム，メゾシステム，エクソシステム，マクロシステム）の入れ子構造で捉えている（後にクロノシステムも加わる）．図3.1は，子どもと自然との関わりを例に，それぞれのシステムの内容と子どもとの関係を示したものである．こうしたブロンフェンブレンナーの環境の捉え方は，保育者が子どもと環境の関わりをさまざまな側面から理解し，環境の構成や家庭・地域との連携の手がかりを得たり，自らの保育観を振り返ったりすることに有効である．

3.2　やりたいことがみつかる環境

保育者は，これまで述べてきた環境を通して，乳幼児期の教育と保育を担っている．そこで次に，保育の環境を構成するための具体的な考え方をみよう．ここ

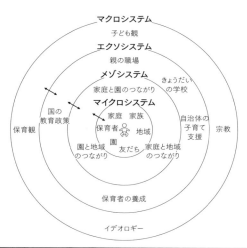

マイクロシステム	家族・保育者・友だち，家庭・保育施設・遊び場など，子どもが対象や場所に直接関わる具体的な場面での活動，役割，対人関係のパターン． 例：子どもが園庭でクローバーを摘む，親に虫の絵本を読んでもらう．
メゾシステム	親と保育者，家庭と園など，マイクロシステムにある2つ以上の対象や場所の相互関係をみる． 例：子どもが自然に興味をもてるように，親と保育者が連携する．
エクソシステム	きょうだいの通う小学校，親の職場，地域の子育てネットワークなど，子どもは直接には関わらないが，子どもに影響を及ぼすものや，それらのつながりをみる． 例：きょうだいが学校で飼育したカブトムシを家庭に持ち帰る．
マクロシステム	マイクロ，メゾ，エクソシステムの背景に一貫してある，社会に固有の価値観，文化，宗教，法律などとのつながりをみる． 例：子どもが自然に触れることは大切だという教育観，保育の要領・指針の内容．

上記の4つのシステムに加え，のちに「クロノシステム」が提起された．クロノシステムは時間の要因に関わり，きょうだいの誕生や引っ越しなど，子どもに影響を及ぼす人生の出来事や環境の変化を捉えるものである．

図 3.1 ブロンフェンブレンナーによる環境システム（Bronfenbrenner（1979，磯貝・福富，1996）から作成）

では園での子どもの遊び，生活と環境との関わりについて，「やりたいことがみつかる環境」「さまざまなひとと出会う環境」「子どもの体験を広げ，深める環境」の3つの視点で捉え，環境を通して行う教育（及び保育）について考えていく．

3.2.1　園が安心できる場所になるために

　子どもにとって園は，生まれてはじめて親から離れ，保育者やほかの子どもたちと集団生活を営む場である．とくに入園したばかりで不安や緊張を抱いている時期には，子どもが安心して過ごせる雰囲気や居場所が必要になる（第6章参

照）．そのため日頃から家庭で親しんでいるブロックやままごとのおもちゃを出しておいたり，マットの上で好きな姿勢で絵本を読めるコーナーをつくったりして，自分のペースで遊びだせる場づくりが大切である．レールをつないで電車を走らせる場などでは，ほかの子どもが遊ぶ様子をみて，自分もやりたいと思ったときに，すぐにできることが子どもの安心感につながる．こうした遊びを用意する際，保育者は電車やレールを多めに出しておき，子どもが自分でやりたい遊びに取り組めるように，ものや場を整えている．

　また保育者はそれぞれの子どもに関わりながら，子どもがどうしたら安心して過ごせるかを考え，その精神的なよりどころになるように，一人一人を受け止めて働きかけている．家庭や園での生活経験の違う子どもたちが複数いるため，同じ時期でも，園生活に慣れて自分なりに遊びを楽しみたい子ども，保育者と一緒に過ごすことで安心できる子どもなど，それぞれの実態は異なる．

　1つの事例をみてみよう（本章の事例に登場する子どもの名前はすべて仮名）．

事例 3-1

　3歳児クラスで，簡単にペープサートができるように，小鳥の形に切った画用紙，丸めた紙の棒，セロハンテープをテーブルに用意しておいた．保育者が楽しそうにつくる様子をみて，自分でも小鳥をつくって動かし，「おそとをとぶよ」と次の遊びを始める子どもたちもいれば，その子たちと一緒に小鳥の飛ぶイメージで園庭に出た保育者と手をつないで離れないアヤもいる．保育者は，アヤの「ぴーちゃん（小鳥の名前）ほしい」というつぶやきを聞いてから，一緒にペープサートをつくり，小鳥がご飯を食べる動きを楽しんだ．

　このように保育者は，自分が子どもの活動を促す環境の一部であることを意識し，それぞれのペースや遊びのイメージが違うことを把握して，どのように働きかけをしていくか考え，子どもに関わっている．また，子どもが自分なりの言葉やイメージを表すことができるように，保育者は，子どもが安心して話すことができる雰囲気をつくり，一人一人の素朴な表現を受け止めて，信頼される関係を築くようにする．子どもは，周りのおとなに温かく受け入れられ，ありのままの自分が認められる感覚をもつことで，自分らしさを発揮できる．そうすると，遊びや生活のなかで新しい興味や欲求が湧いてきて，ほかの子どもたちに意識を向けたり，行動の範囲を広げたりするようになる（第4章参照）．

3.2　やりたいことがみつかる環境　　*33*

3.2.2 子どもの興味や欲求に応じることから，やりたいことをみつけられる環境へ

　安定して遊ぶようになると，興味や欲求に応じた環境があれば，子どもは思わず，それらに関わりたくなり，ものやひと，事柄に触れて活動の幅を広げていく（コラム 3-1 参照）．そこで保育者は，子どもが何に興味をもち，楽しんでいるか，何をしたいと願っているかを捉え，それらが十分にできる環境を用意する．保育でも注目されているギブソン（J. Gibson）の「アフォーダンス（affordance）」の概念は，「環境が動物に提供する意味」のことをいう（Gibson, 1979, 古崎ほか訳, 1986）．たとえば，木の幹の穴をみつけた子どもが，手に持っていた枝で穴をつつくと，その枝は「穴をつつく道具」という意味を子どもに与えたといえる．子どもの興味や欲求をいかしながら，状況に応じてどのような行為が生まれるかを予想し，環境を整えることで，子どもが環境に出会い，主体的に関わることを援助することが求められる．

　さらに，子どもにとって新しい経験が生まれるような環境を意図的につくることも大切である．子どもの興味や発達に合わせ，扱いやすいもの，自分で選んで組み合わせられるもの，変化を楽しめるものなどを考えながら，用意する時期，ものの種類や数，それらの出し方などを保育者は工夫する．秋になると通園路や園庭にドングリが落ちているが，それに気づいて拾ってくる子どももいれば，ドングリに関心のない子どももいる．保育者が子どもの拾ってきたドングリをかごに入れ，園庭と保育室をつなぐテラスに見えるようにおいたり，かごのそばにドングリの絵本を置いたりすることで，多くの子どもがドングリに興味をもつようになる．ドングリを入れたペットボトルを置けば，子どもは音の出るマラカスのような楽器になることに気づき，面白いと感じて，自分もやりたいと楽器づくりに興味や関心を広げる．マラカスで音を出すイメージやそのつくり方を子どもがつかみやすいように，保育者はわかりやすく動きや言葉で伝えながら，新しいことに取り組む楽しさを十分に味わえるようにする（コラム 7-1 参照）．

　近年の生活体験の少ない子どもにとって，園庭や地域の戸外は，興味や関心を誘う自然に触れたり，伸び伸びとからだを動かしたり，思いがけない出来事に出会ったりする場である．地域でいつ，どのような自然や事柄に触れることができるか，園庭の自然環境をどう計画的に整備するかを考え，環境を構成することで，子どもの体験はより豊かになる．運動会や遠足などの行事も，毎年決まったことをやるのではなく，大縄跳びに挑戦したい，友だちと森を探検したいなど，そのときの子どもの興味や欲求とつなげ，子どもが意欲的に参加できるようにする（第 7 章参照）．

3.3 さまざまなひとと出会う環境

3.3.1 ほかの子どもとの関わり

　子どもはほかの子どもたちと関わることで，自分からやろうとする自発性を培い，新しい経験を積み重ねる．ほかの子どもがやっていることやつくったものに魅力を感じると，子どもはその言葉や動きを自分の活動に取り入れたり，同じものをつくろうとしたりする（コラム 6-1 参照）．その過程で，これまで経験したことのない感覚を味わい，身近なものや自然などとの新しい関わり方を学んでいく．保育者は，子どもたちがお互いの活動に気づき，相手のやっていることに興味をもてるように，ものや場の配置を工夫したり，自分も一緒にやることで活動の楽しさを伝えたりして，子ども同士の関わりが生まれる状況をつくっている．4 歳児クラスのプールの事例をみよう．

事例 3-2

　子どもたちは，プールのわきに置いたペットボトルの的に水鉄砲で水を当て，ペットボトルを倒す遊びをしていた．そばでプールに入らないトモカ，ユウキがシャボン玉遊びをしている．保育者は 2 人が立っていた，すのこを移動し，プールにいる子どもたちにも 2 人の遊びが見えるようにした．ペットボトルがすべて倒れたタイミングで，保育者が「新しい的がやってきた！」とシャボン玉を的に見立てると，プールの子どもたちも，トモカとユウキも，シャボン玉を撃つこと，つくることに夢中になり，相手の動きに自分の動きを合わせるなどして楽しんだ．

　この事例では，子どもが自分のやりたいことを充実させながら，ほかの子どもと一緒に遊ぶ楽しさを味わう体験が得られるように，保育者は柔軟に環境をつくりなおしている．子どもが主体的に活動し，発達に必要な体験をすることができるように，その場に応じて環境をつくりなおすことを，保育では「環境の再構成」という．

　環境の再構成を行うタイミングの 1 つには，ほかの子どもと一緒に遊ぶことを楽しんでいる姿がある．このようなときは，子ども同士で活動を進められるように，場をつくり，そのために必要な素材や遊具，用具を用意することが，環境の再構成となる．たとえば，ある 4 歳児クラスでは，ままごとコーナーの隣に大型積み木で魔法使いの家をつくった子どもたちが，自分で製作した魔法の杖をもってごっこ遊びをするようになった．子ども同士で杖を見せ合ったり，教えたりし

て杖をつくる様子がみられたので，保育者はテーブルにさまざまな色，十分な数の素材や用具を用意し，子どもたちがやりとりしながら製作できるようにした．こうした環境に，友だちと同じイメージで遊ぶ楽しさを味わい，自分でつくったものを使う満足感を感じてほしいという保育者の願いが込められている．

3.3.2　さまざまなひととの関わり

　園でのさまざまなひととの関わりに加え，幼児期の教育と小学校教育を円滑に接続するために，幼児と児童の交流の機会を通じて，子どもが小学校の環境に親しむことが重要である．交流活動には，遊びのなかでの交流，生活科の催しで幼児を招待，小学校の行事や給食の体験などがある．小学校で交流活動を行う場合，普段の園生活とは異なる場所，知らないひとの多い環境で，不安感や緊張感をもつ子どももいるだろう．このため，子どもが安心して交流活動に参加できる雰囲気や流れを意識して，事前に保育の環境づくりをすることがある．

　たとえばある園と小学校では，5歳児と5年生の交流活動を行う際に，5歳児2人，5年生3人のグループをつくり，交流前に幼児と児童の顔写真と名前をグループごとに保育室のボードに掲示していた．また，オンライン会議システムで5年生が学校生活を紹介したり，交流活動の準備の様子を伝えたりもした．保育者は，幼児たちに「同じグループのアイコさん，ナミさん，ユウタさんだよ」「～の教室が面白そうだね」と，相手の様子がわかり，交流活動への期待感をもてるような言葉かけをした．このように幼児が安心できる工夫を計画的に保育の環境に取り入れたことで，当日の交流活動では子どもたちの緊張がほぐれ，はじめの顔合わせから友好的な雰囲気が生まれやすくなったという．

　最近の子どもは，地域で異年齢の子どもたちと遊んだり，働くひとに触れたり，高齢者など幅広い世代と交流したりする体験が不足している．子どもの生活の場が園から地域に広がり，多様なひとびとと関わる体験を豊かにするため，近隣の保育施設，中学校・高校，福祉・公共・商業施設などの乳幼児，生徒，入居者，職員，働くひととの交流はよい機会になる．その際，地域にどのような社会的，文化的な教育資源があるかを把握し，それらの資源をいかして，ひとびとと触れ合う機会や仕組みをつくることが，環境づくりのポイントになる（コラム9-2参照）．

　たとえば，園の入口付近の寄せ植えの手入れや，伝統的な祭りへの参加を通して，地域のひとびとと挨拶を交わしたり，「きれいに咲いているね」「がんばって踊ったね」と言葉をかけられたりする．また，近隣の高齢者施設を訪問するときに，保育者がモデルになり，相手に応じた言葉かけや対応などを子どもが感じ，

意識しながらふるまうことを支える．こうした体験を重ねることで，子どもは役に立つ喜びや地域に対する親しみを感じたり，さまざまなひととの関わり方に気づいて，相手に応じて行動しようとしたりする．保育者は，そうした子どもの姿や子どもが気づいたこと，関心をもったことなどをクラスの話題や掲示にして共有し，子どもが地域やひとびととのつながりを意識するような環境の工夫をする．

3.4　子どもの体験を広げ，深める環境

3.4.1　試行錯誤や探究を促す

　乳幼児期は，人格形成の基礎が培われる時期であり，この時期に好奇心や豊かな感性などとともに，探究心（物事の自分にとっての意味や本質を探り，見極めようとする気持ちや態度）を育むことが，生涯にわたる学びの基礎をつくる．子どもの探究心は，遊びのなかで子どもが主体的に環境に関わり，対象をよく知りたい，課題を解決したいなどの欲求を生じさせ，試行錯誤する過程で育まれる．保育の環境では，子どもが身の回りの自然やもの，遊具，用具などを扱って，対象とじっくりと関わることができ，繰り返し試したり，工夫したり，考えたりできるようにすることが大切である．

　子どもは「面白そう」「なんだろう」と対象に興味をもつと，手で触るなどしてそれをからだで感じたり，あることを繰り返したりして，感覚的に対象に関わっていく．対象の在り方が変われば，自らの関わり方も変えながら，自分なりに比べたり，これまでの体験と関連づけたりし，「こうしたい」という欲求をもって，対象への関わり方を試すようになる．4歳児の色水遊びの事例をみよう．

事例 3-3

　ビニール袋に摘んだブルーベリーの実と水を入れ，「タピオカ」と言っていたタクミが，水の色の変化に気づき，袋のなかに手を入れてかき回したり，実をすくいあげたりしていた．やがて指で実を直接つぶして水のなかに戻したり，袋の外から実を押しつぶしたりすることを繰り返し，色水が濃くなる様子をじっとみて「ジュースになった」とつぶやく．保育者は，タクミが自分の思うままに対象に関わり，面白さを十分に味わってほしいと考え，少し離れたところで見守っている．同時に，ほかの子どもがブルーベリーの実をほしがるとすみやかに対応し，タクミがほかの子の干渉を受けずに自分の活動に集中できるように配慮していた．

この事例の保育者の姿は，子どもが心とからだを働かせて対象にじっくり関わり，自分なりにその特性を探っていくことを支えた環境や援助の一例といえる．

子どもは対象との関わりを深めていくと，「こうしたらどうかな」などと自分なりに考えながら，やり方を工夫し，能動的に活動に取り組むようになる．友だちと一緒に遊ぶ楽しさやひととの関わりを深めていく時期であれば，子ども同士で協力し，活動に継続して取り組むことができる環境の構成が大切になる．5歳児になれば，一緒に遊ぶなかで共通の目的が生まれ，子ども同士で試行錯誤して，自分たちでやりたいことを実現しようと協同するようになる．

事例 3-4

スマートボールを一緒につくる5歳児のヒカル，リクが，穴をふさいだラップの芯を手で押してビー玉を打ち出す発射台を完成させた．しばらくビー玉を連発させて遊んだのち，ヒカルが「じどうでうごくやつにしよう」と輪ゴムをもってきた．セロハンテープで輪ゴムを芯と発射台に貼りつけたが，輪ゴムが小さく，手でラップの芯を引くとはがれてしまう．2人は，輪ゴムの数やセロハンテープで貼る数を増やして何度もやってみるが，思うような発射と強度にはいたらない．リクが「これにしようよ！」とゴムとびの平ゴムを提案し，さらに保育者から「水車のときの両側を思い出してみたら」との助言を受け，その後も2人で発射台をつくりなおしていった．

この事例の子どもたちは，これまでの遊びや生活のなかで気づいた，ゴムの伸び縮みというものの性質や仕組みをいかし，発射台を「じどう」で動くように考え，予想，工夫するなどして，ものとの関わり方を広げ，深めている．実現したいことのイメージや目的が明確にあり，それらとの関連で，対象との関わりで生じた結果を捉え，気づいたことをもとに納得いくまでやりなおしている．自分たちでみつけた新しい課題に挑戦し，失敗を繰り返しながら試行錯誤する2人を，保育者は見守り，ヒカルの描いた設計図をみやすい位置に貼ったり，スペースを確保したりして活動しやすい場の設定に配慮していた．子どもたちがお互いの考えや活動に刺激を受け，活動そのものを楽しみながら，共通の目的に向かって挑戦し，探究する意欲を高めるような状況をつくっていたといえる．

3.4.2　対話と表現を豊かにする

子どもは，直接的・具体的なものやひととの関わりを通して，さまざまな事物や現象を捉え，それらに対する認識を深めたり，想像し，思考する力やひとと協

力する力などを培ったりしていく．ものやひととの関わりを支えるために，重要な役割を担うのが，言葉や表現である（文部科学省，2010）．子どもは対象に興味をもって探究し，想像や考えをめぐらせる過程で，想像したことや考えたことを言葉やからだの動き，造形的，音楽的な表現などで表し，確かめようとしていく．こうした言葉や表現は，子どもの遊びのなかに表れる．保育者は，子どものイメージや考えがどのような言葉や表現で表れているかを理解しながら，子どもとともに，表現するためのさまざまな素材や道具，用具を用意する．子どもが必要なときに自分で選んで使えるように，それらを整理し，持ち出しやすく設置することも，表現することの楽しさや広がりを支える環境の構成である．

たとえば5歳児後半になると，子ども同士でイメージや考えを言葉や表現で伝え合い，対話して新しいアイデアを生み出したり，自分の役割を考えて行動したりして，協力して遊びを進めるようになる．

事例3-5

サチ，カナ，ハルカは，買い物ごっこでブーツをつくろうと，サチが上履きをはいた足を差し出し，カナが上から新聞紙を巻きつけてセロハンテープでとめる分担をしていた．できたブーツから足を抜こうとするが，うまくいかないサチは，かかとを床にバンバン叩きつけ，通りがかりの保育者に「ぬげないー！」と声をかけた．保育者はブーツらしくできていることを認めた後，「脱げないの，どうする？」と3人に投げかけた．大きくつくりなおすと言うカナの後に，ハルカがひらめいたように「ハサミできればいいじゃん！」「ブーツ，こうだよ」とファスナー部分のイメージで提案した．保育者は「なるほどー」と応じ，2本の指でブーツに切り込みを入れるしぐさをしながら，サチ，カナに「ここ切っちゃうんだって」と伝えた．2人も「そうする！」と言って，カナがハサミを取りに製作テーブルに向かった．

保育者は，子どもの言葉を受け止め，そのイメージを確認しながら，子どもたちが自分の考えを言葉にすること，ほかの子どもの考えを聴くことを仲立ちしている．そして，子どもたちが対話を通じて気づきや考えを深め，一緒にやりたいことの実現に向かう状況を支えていた．その数日後には，靴づくりの面白さから，遊びが靴屋を開くことに展開し，靴づくりの場には，新聞紙の上に装飾する色とりどりのセロハンや花紙なども用意され，市販の靴や靴屋のディスプレイの写真が貼られていた．本物らしくつくりたいという子どもの思いに応じ，その面白さや工夫してつくる楽しさを味わうことができるように，子どもたちとタ

3.4　子どもの体験を広げ，深める環境　　*39*

ブレットで検索した靴屋の情報を遊びに取り入れやすいように，保育者によって環境が再構成されている．また，ブーツに切り込みを入れるアイデアの示された「くつのつくりかた」の紙も掲示され，遊びのなかでの気づきをほかの子どもと共有したり，自分で再確認したりできる環境が用意されていた．

3.5 保育の環境を探究する

これまでみてきたように，保育者は，目の前の子どもたちの発達に必要な体験が得られるように，保育の環境を構成している．子どもが主体的に関わる環境を生み出すためには，子どもの興味，関心や発達のありさまと，さまざまな環境のもつ特性が響き合うことが大切である．そのため，子どもが環境に関わってどのような体験をするか，子どもの経験を広げ深める素材や状況は何かなどを，保育者も探究することが求められる．

最後に，世界的に注目されるイタリアのレッジョ・エミリア市の保育も，環境の観点から日本に多くのインスピレーションを与えている．たとえば，レッジョの保育を特徴づける環境として「アトリエ」がある．ここには，さまざまな自然物，人工物が造形的な表現活動の素材として用意され，子どもの手に触れやすく分類されて配置されている．子どもたちの創造的活動は，アトリエリスタ（芸術教師）により支えられる．小グループによるプロジェクトの経過を保育者が記録した「ドキュメンテーション」も，保育の環境として重要である．保育室やアトリエに掲示されたドキュメンテーションは，子どもが自分たちの活動を振り返ったり，保育者が子どもの発達や活動の展開を考察したり，親と協働したりするツールになっている（コラム 7–2，第 8 章参照）．

引用文献

Bronfenbrenner, U.：*The Ecology of Human Development*：*Experiments by Nature and Design*, Harvard University Press, 1979（磯貝芳郎・福富護訳：人間発達の生態学（エコロジー）―発達心理学への挑戦，川島書店，1996）

Gibson, J. J.：*The Ecological Approach to Visual Perception*, Houghton Mifflin, 1979（古崎敬・古崎愛子・辻敬一郎・村瀬旻訳：生態学的視覚論―ヒトの知覚世界を探る，サイエンス，1986）

文部科学省：幼児期の教育と小学校教育の円滑な接続の在り方に関する調査研究協力者会議：幼児期の教育と小学校教育の円滑な接続の在り方について（報告），2010

文部科学省：幼稚園教育要領，2017

40 第 3 章 さまざまな環境には，保育者から子どもの発達への願いが込められています

コラム 3-1

心とからだが動き出す環境構成
―遊びを通して学ぶことの楽しさを味わっています―

山口　晃司

　幼児期の教育では，幼児が生活を通して身近なあらゆる環境から刺激を受け止め，自分から興味をもって環境に主体的に関わりながら，さまざまな活動を展開し，充実感や満足感を味わう体験を重ねることが重要です．保育者は，幼児が自ら周囲の環境に働きかけてその幼児なりに試行錯誤を繰り返し，自ら発達に必要な経験を獲得できるようにします．その際に，保育者が計画した通りに，さまざまな活動をすべて行わせることではなく，幼児の意識や必要感，興味・関心などによって連続性を保ちながら展開することで幼児の主体性が育てられます．

　次にあげる事例は，幼児自らが周囲の環境に刺激を受け，自分たちの遊びとして主体的に取り組み，できるようになった嬉しさを実感し，喜びを感じて，繰り返し取り組んだ様子です．保育者は日々，幼児の興味・関心を捉え，遊びの充実につながるように工夫を図り，環境構成をしていきます．

　事例の園は，中央区立豊海幼稚園です．本園は，臨海部に位置し，東京 2020 オリンピック・パラリンピック大会の選手村跡地の晴海フラッグや浜離宮恩賜庭園が真向かいにみえ，すぐ横は東京湾です．施設の特徴が，1 階部分が幼稚園，2 階以上は小学校となっている，複合施設です．日常的に，幼児は小学生の体育や生活科などの授業の様子をみることができます．小学生にとっても幼児が遊んでいる姿を間近にみて，自分の幼児期を思い出したり，当時関わりをもっていた保育者とも関わったりすることができます．私たち保育者からも，幼稚園修了後の子どもたちの姿がみられることで，子どもたちの成長・発達の姿を具体的にイメージし，就学後の見通しをもった保育・指導を行いやすいです．

小学生の活動に魅力を感じる環境としての場

　各保育室が小学校の校庭に面していることで，小学生の授業やさまざまな活動が意識せずとも幼児からみえます．とくに，小学生の体育の授業は，日頃から幼児にとって遊びの刺激になっていました．小学生が運動会に向けた活動を行っているときには，幼児が自分たちで保育室からゴザや椅子を持ち出し，自分たちで観覧席を設けて，小学生を応援したり，ダンスを真似して遊んだりする姿がみられました．2 学

期の後半，小学校では「なわとび月間」として，学級・学年対抗で記録会が行われています．幼児は，小学生が休み時間や特別活動の時間に音楽に合わせて一斉に縄跳びをしたり，大縄跳びに何人引っかからずに跳べるか挑戦したりする活動に関心をもって見ていました．そこで，保育者は，まず小学校の教師に，小学生の活動の邪魔にならないように，幼児が見学できる時間や場所を相談するとともに，小学生の活動が見られるように，その時間帯に学級での一斉活動や集会などの集まりを極力避けるような保育の展開を工夫しました．また，小学生が縄跳びで使用しているBGMを準備し，真似して遊べるようにもしました．

幼児のやってみたい思いを実現し遊びにつなげる環境の構成

　年長組は，10月下旬の運動会で，参加賞として1人に1本の縄跳びをもらいました．幼児がやりたいと思ったときにすぐに手にとることができるよう，保育者は環境構成として，各自の縄跳びが一目でわかり管理しやすい短縄BOXをつくりました．

　小学生の授業で，音楽が流れ，縄跳びが始まると，年長の子どもたちは，自分の縄跳びを持ち出し，小学生の真似をして遊び出すようになりました．保育者も子どもたちと一緒に縄跳びをやったり，がんばっている姿を認めたりする言葉かけをすることで，縄跳びをすることが楽しいという幼児自身の気持ちを支えました．さらに，一人一人の幼児が目標をもてるように「縄跳び頑張りカード」も提示することで，自分なりの目標に向かって，スモールステップでできるようになったことを実感できるようにしました．幼児にとって，自分なりの目標が達成できたことは，喜びや自信になりました．自分なりにできた喜びがさらに自分なりに取り組む原動力となり，繰り返し挑戦したり，友だちと競い合ったりして，幼児の主体的な縄跳び遊びが展開されるようになりました．幼児が「やりたい，面白い，もっとできるようになりたい」「友だちと競い合って遊んだり，友だちの様子に気づいたりすることで楽しくなった」という思いが喚起されるような環境を構成することによって，保育者自身も幼児一人一人の成長を実感し，保育の醍醐味ややりがいを感じ，楽しくなってきます．

コラム 3-2

子どものやりたい気持ちを育てる
―考える力は，ひと・もの・こととの関わりから生まれます―

相川　圭子

　私たちの保育園は，子どもたちの遊びをじっくりとみて，さまざまな視点から，環境を考えています．子どもたちは，保育園にあるもののなかから，自分たちで工夫して遊んでいます．その姿は，とても楽しく，面白そうです．平屋建てということもあり，異年齢の関わりも多くみられます．

　子どもの「やりたい」という思いを支える主体的な保育を行うには，まず子どもの遊びと，そこで見られる子どもの楽しそうな姿や集中している姿をじっくりと見守ることが必要です．そこからみえてくるさまざまなことを手がかりに，保育者が環境を考え，ちょっとしたきっかけをつくることで，子どもたち自身も考え，工夫し，自ら発見していきます．そして自分が思ったことや感じたことを伝え合いながら，遊びがさらに発展していきます．

子どもの遊びをみてみよう

　各保育室内には，ままごとやブロックで遊んだり，製作をしたり，からだを動かしたりできる場所など，遊びのコーナーをつくって，自分の興味に応じて好きな場所を選べるようにしています．子どもの遊びやそこでみられる姿に応じて，保育者が環境を変化させているため，その年や季節によって保育室の様子は異なります．戸外でも，子どもたちの遊びをみて，言葉を聴いて，「こんなものがあったらいいな」

「こんなものがほしい」などと子どもたちと一緒に考え，つくったりもします．

いろいろなところにのぼる子どもたち

　動きが活発になってきた乳児クラスでは，子どもたちの興味，視線は，さまざまなところに向いていきます．お兄さん・お姉さんたちが遊んでいる姿もよくみています．

　戸外にタイヤを積み重ねてみると，年上の子たちが遊んでいる姿をみて，これはできるかも！　と乳児たちも集まって，からだ全体を使ってのぼります．室内でも，のぼれそうなところをみつけ棚や机に足をかけ，のぼろうとする姿がみられるようになりました．そこで保育者同士で話し合い，のぼって遊べるものをつくってみることになりました．牛乳パックで，子どもたちの成長に応じた動きに合わせて，真んなかに穴が開いた遊具をつくってみました．のぼってそのなかに入ろうとし，真剣な顔つきで最後まで1人でからだを動かし，入ることができました．自分のからだの動かし方を学ぶことができました．達成感が，笑顔からにじみ出ていました．

　その後，のぼることに加えて，のぼって次の動きが出てくるようになります．遊具をはしごのような形に変えると，つかまりながら渡ろうとします．その上に立ち上がることもあります．ケガの心配はありますが，子どもたちから目は離さず，さりげなくそばにいて見守ります．子どもたちを信じる気持ちも大切です．

　子どもたちの遊びのなかで環境は，とても大切なものです．物的な環境だけでなく，人的な環境も意識していかなければなりません．保育者から子どもへの言葉がけとともに，子どもを見守りながら環境を整えていくことにより，子どもたち自身が新たな発見をしていきます．子どもたちの「やりたい・やってみたい」気持ちを大切に保育が進められるように，保育者も「やりたい・やってみたい」気持ちを持ち続けていくことが大切と感じています．

第 4 章　いのちが大切に育まれ，安心・安全を感じると，自分らしく生きられます

寳川　雅子

4.1　いのちが大切に育まれるとは？

　2枚の写真を見てみよう．図4.1は抱っこされている様子，図4.2は1つのおもちゃをめぐって子ども同士がやりとりをしているときに保育者が一人一人の意見に耳を傾けている様子である．いずれも，子ども一人一人が尊重され，ありのままを受け止められている．いのちが大切に育まれるとは，自分の存在がありのまま受け入れられ，慈しみを感じられることだろう．この感覚は，ひとが生きていくための土台にもなりうる．

　本章では，一人一人の子どもが，その子らしく生きられるようになるために育みたい事柄と保育者の援助・配慮について学ぶ．

4.1.1　乳幼児期の子どもにとっての安心とは？

　自分のいのちが大切にされていると感じることができるためには，子ども自身が「ここにいて安心」「このひとのそばにいて安心」「ありのままの自分を出して安心」と，感じることのできる関わりを保育者が行うことが必要である（第6章参照）．ひとは喜び，悲しみ，怒り，楽しさなど，さまざまな感情を表すが，日常のなかで遠慮なくそれらの感情をありのまま表現することが許され，受け入

図 4.1　赤ちゃんを抱っこ

図 4.2　気持ちを尊重

れてもらえるのだという体験の積み重ねは，子どもが自分のいのちが大切にされていると感じるうえで必要不可欠である．たとえば図4.3のように，子どもがぐずったときに否定することなくそのままの様子を認め寄り添っていく．このように保育者は，子ども自身が安心できる，安全な生活環境を保障することが求められている（第1章参照）．

図 4.3 ぐずっている子どもを保育者が見守る

4.1.2 心身の健康と安全が保障されること

子どもが自分らしく生きられるようになるためには，安心できることに加えて心身の健康と安全の保障が必要である（第5章参照）．とくに乳幼児期は，子ども自身が健康管理や安全への配慮を行うことは難しい．そのため保育者が十分配慮し，子どもの育ちにふさわしい環境を常に確認し，整えることが重要である．予想される場面をもとに具体的な配慮について紹介しよう．

> **場面 4-1　個々の子どもの日々の健康状態の把握と，疾病や異常の早期発見**
> 　0歳児を担当しているA先生は，Bちゃんが好きなわらべうた遊びをしている．遊びながらA先生は，何となくBちゃんの様子がいつもと違うと感じ始めた．心配になったA先生は，Bちゃんを事務室に連れていき，主任に状況を説明して体温を測ることにした．Bちゃんは，発熱していた．A先生が，Bちゃんの異変にすぐに気づいたことで，すぐに保護者に連絡することができた．

健康な状態が保たれることは，ひとが生きていくうえでもっとも大切なことである．子どもの体調は変わりやすく，ひとたび体調を崩すと悪化しやすい．そのため日頃から，一人一人の子どもの健康状態を把握していることで，子どもの異変に気づきやすくなる．早期発見と早期対応は，子どもの健康を保障することにつながる．

> **場面 4-2　個々の子どもに応じた睡眠の保障**
> 　1歳児のCちゃんは，食事を終えると遊んでから午睡に移る．今日もD先生は，食事の後にCちゃんを抱いて布団に連れていき，布団をかけてずっと隣でトントンをしていた．しかしCちゃんは抵抗するかのようにはしゃ

いでいた．同じクラス担任のE先生と相談をし，食後は無理に布団に連れていくことをやめ，CちゃんをみながらCちゃんの思いを探ろうとした．するとCちゃんは，午前中にほかの子どもが使っていたおもちゃの場所に行き，そのおもちゃで遊び始め，しばらくすると自分から布団に行き，ゴロゴロし始めた．D先生とE先生は，Cちゃんの様子からCちゃんが自分で午睡をするタイミングを考えていることを学んだ．

　子どもの睡眠にも個人差がある．眠りが深い子・浅い子，一度眠るとなかなか起きない子・すぐに目覚める子，眠くなるとすぐ眠りにつく子・眠いがなかなか入眠できずにいる子など，一人一人様子が異なる．おとなの都合で「お昼寝の時間だから寝なさい」ではなく，一人一人の睡眠パターンにふさわしい対応を心がけ，子どもが安心して睡眠の時間を過ごせる保障をしていくことが必要である．その際，子どもが心地よい睡眠を得るための環境に配慮することも，子どもが安心して生活するうえで大切なことである．具体的には子どもに適した寝具を使用しているか，適切な室温・湿度か，部屋の明るさはどうか（眠りやすいようにと，部屋を暗くしすぎると子どもの異変を見落としてしまうため，体調の変化におとなが気づける程度の明るさは必要），ボリュームも含めて睡眠を妨げるような音楽が流れていないか，個々の子どもが心地よく眠れる雰囲気となっているかなどがあげられる．

場面 4-3　食べること（授乳）が楽しみになる配慮

　2歳児のFちゃんは自分のペースがある子どもである．ほかの子どもたちが食事をしていても，慌てることなく玩具の片付けをしている．進級当初，担任のG先生は，みんなと同じように時間通りに食事をさせようと，Fちゃんに「急いで！」「早く片付けて」「先生が片付けてあげるからご飯食べて」などと言葉をかけていた．Fちゃんは，その度に泣いたり不機嫌になったりし，結果としてつらい食事の時間を過ごしていた．これではFちゃんにとってよくないと，2歳児クラスの担任で相談をし，可能な限りFちゃんの思いを尊重していくことにした．するとFちゃんは，時間はかかるもののおもちゃの片付けを終えると自分からランチルームに行き，食事を受け取り，ほかの子どもたちに交じって楽しそうに食事をとるようになった．泣くことも不機嫌になることもなくなった．担任が関わり方を変えたことでFちゃんにとって給食は楽しい時間になった．

4.1　いのちが大切に育まれるとは？　　47

図 4.4 自分で食べようと一生懸命

　乳幼児の授乳や食事は，栄養摂取だけが目的ではない．ひととして生きていくために必要な学びの場にもなっている．授乳の時期は，保育者に抱かれゆったりとしながら安心してミルクを飲む心地よさを味わうことで，乳児からの保育者への信頼が増していく．離乳の時期は，口を開けて食べ物を取り込む・口を閉じてモグモグする（咀嚼）・呑み込む（嚥下）を練習する機会でもある．またつかみ食べの時期には，自分の手で食べ物をつかむ力加減を学んだり自分で食べることの嬉しさを体験する．そしてスプーンなどを使用し始めると，肘・手首を動かして食べ物をすくい，口元に運ぶ経験を積み重ねていく．さらにコップを使用して飲むことや，椅子に座ること，食事に集中することも食事の時間に経験できる学びである．また，さまざまな食材に触れるよい機会にもなる．盛りつけの美しさを楽しみ，季節の食物を知り，味わってみる（コラム 5-2 参照）．好き嫌いがあっても，ほかの子どもがおいしそうに食べている様子をみると自分も食べてみようとするかもしれない（図 4.4）．何よりも食事の時間が楽しい，食べることが楽しいという雰囲気づくりを心がけたい．そのためには，保育者自身も子どもとともに楽しむことが大切である．

場面 4-4　子どもの考えや感情への配慮

　1 歳児の H ちゃんは散歩に行くのを「ヤダ！」と言う．担任の I 先生は，無理に連れていくこともできるものの，それは H ちゃんの気持ちを尊重しない関わりになってしまうと，悩む．そこで，H ちゃんに「H ちゃんはお散歩に行きたくないのよね．先生は，H ちゃんにもお散歩に一緒に行ってほしいです．いま，どうしていいのか困っています」と，自分の気持ちを伝えた．

その後，I先生はほかの子どもの対応をしながら少し離れた場所からHちゃんを見守る．しばらくすると，Hちゃんは自分から靴を履きに行った．「お散歩に行くことに決めたのね．一緒に行きましょうね」とHちゃんに伝えながらI先生はお散歩に行く準備を始めた．

おとなと同じように子どもにもそれぞれの考えや感情があり，配慮することが大切である（図4.5）．ただし，子どもの機嫌を取ることと，子どもの考えや感情に配慮することはまったく異なる．否定したり指示したりすることなく，子どものそのときの姿をそのまま受け止め，理解し，待つことは，子どもの心の安心を培うために必要な関わりとなる．「この先生は，自分を受け入れてくれている」「この先生の前では安心して感情を出して大丈夫」という安心感があって初めて自分らしさを表現できるのである（コラム8-1参照）．

このように乳幼児期の子どもたちは，保育者にありのまま受け止められることで安心すると同時に信頼する．保育者とともに健康や安全に関わる基本的生活習慣（食事・排泄・睡眠・衣類の着脱・身の回りを清潔にすることなど）や態度を身につけていく．それは，子どもが自分の生活を律し，主体的に生きる基礎になっていく．このことは自分らしく生きていくうえで大切なことであるため，子どもを急がせることなく，保育者も焦ることなく，適切な時期に適切な援助を心がけていきたい（コラム4-2参照）．

4.1.3 快適な環境であること

子どもが自分らしく生きられるようになるためには，子どもが快適と感じられる環境を整えることも欠かせない．

図 4.5 機嫌を損ねてしまった2歳児に，保育者がそうっと寄り添う

場面 4-5　衛生的な環境を提供する

0歳児のJちゃんは，ハイハイができるようになり，近頃は，オムツや着替え，タオルなど自分のものは自分で用意しようとする姿もみられる．担当のK先生は，Jちゃんが自分で取り出せるように，荷物かごの位置を変えたり，保育室の環境を再構成して，子どもたちが過ごしやすい保育室を心がけている．

常に掃除され，整理整頓されている衛生的で清潔な環境の提供は，子どもが安心して心地よく過ごすために欠かせない．こうした衛生的かつ子どもの育ちにふさわしい整理整頓がされている環境では保育者が子どもの活動を禁止したり制限することが少ないため，子どもが安心して遊ぶことを保障することにもつながる（コラム5-1参照）．

場面 4-6　子どもの生活リズムや個人差に応じた配慮

0歳児クラスの子どもたちは，午前中も眠る子どもが複数いる．そうした子どもたちが落ち着いて眠ることができるように，遊びの場所とは異なる場所にベッドを整えた．保育者は，眠っている子どもの体調や様子を確認することで，子どもたちが心地よく眠れるように配慮をしている．

快適に過ごすためには，子どもの生活リズムや個人差に応じた配慮が必要である．その際，おとなの声の大きさにも注意したい．おとなの声は無意識のうちに大きくなりがちである．おとなの大声は，子どもにとって落ち着かない原因となり，結果として騒がしい雰囲気を生み出してしまう．そのため，図4.6のように子どものそばに行って用件を伝えるなど，日常的な会話を心がけることが大切である．

図 4.6　用事のある子どものそばに行き，用件を伝えている保育者

> **場面 4-7　安心して探索活動ができる安全な環境を提供する**
>
> 　0歳児のLちゃんは，しばらく前まで担当のM先生と触れ合い遊びをすることが大好きだったが，自分でハイハイができるようになると，M先生の膝から離れ，保育室や廊下，ときにはほかの部屋まで探検に行こうとする．触ったり，撫でたり，口に入れて確かめてみたり，叩いたり，投げてみたり…．探索活動の始まりだ．M先生は，可能な限り探索活動ができるように，Lちゃんの目線から考えて，危険などに配慮した環境に変えていった．

　先に述べたように乳幼児期の子どもたちにとって，自分で安全に配慮することは難しいこともある．それゆえ保育者が安全を保障することが必要であるが，その際になんでもかんでも「だめ！」「いけません！」と，おとなの都合で禁止をしたり制限をしたりして，子どもを従わせ我慢をさせることが多い生活を続けると，子どもは自分で考えることをやめ，おとなの指示を待つようになってしまう．それゆえ危険がある場合にはしっかりと伝え，それ以外には場面 4-7 のように保育者が環境を整えることが必要である（コラム 2-2 参照）．とくに0歳時期には，初めてのものや知らないものに興味を示し，確かめながら知ろうとする探索活動が重要であり，探索活動を通して自分の好きなひと・もの・ことと出会い自ら関わっていく力が養われていく（コラム 3-2，図 4.7 参照）．こうした経験の積み重ねが，自分らしさに気づく一歩となる．

　以上のような環境のもとで，保育者が応答的に関わりながら食欲，睡眠などの生理的欲求（生命を維持するために必要な1次的欲求のこと．保育では，食欲・排泄・睡眠・呼吸などがあげられる）を満たし，子どもが安心できる環境を整えていく．同時に保育者が子どもの欲求に応え，語りかけながら優しく対応するこ

図 4.7　興味をもって遊びに熱中

4.1　いのちが大切に育まれるとは？　51

とを繰り返すことで，子どもは居心地よさと，子ども自身の働きかけに対する保育者の応答的な行為の意味を感じ学んでいく．とくに子どもは，自分がサインを出すとそばにいる保育者が必ず対応してくれる経験の積み重ねから，その保育者に対する信頼感・安心感を培っていく．それゆえ子どもと関わる際は「〜すべき」や「〜させなくては」という保育者主体の発想で一方的に子どもに指示や命令をしたり，子どもの考えや感情を否定するのではなく，まず子どものありのままの姿を認め，受け止め，共感し，寄り添うという子ども主体の関わりを心がけたい．その一歩として，保育者からすると迷惑な行為に対し，いたずら・迷惑と捉えるのか，子どもが興味津々な様子だと捉えるのかで，子どもへの関わり方が変わってくるかもしれない．

4.1.4　一人の主体としての尊重

　子どもが自分らしく生きられるようになるためには，子どもを一人の主体として尊重することも保育者として重要な心がけである．これが，子どもと関わる際のもっとも基本である（コラム 6-2 参照）．

　1989 年 11 月 20 日，国連総会において「子どもの権利条約」（日本ユニセフ協会「子どもの権利条約」）が採択された．「子どもの権利条約」は，世界中のすべての子どもたちがもつ人権（権利）を定めた条約である．子どもは「一人の人間として人権（権利）持っている」（権利の主体），つまり，子どもは生まれながらにしておとなと同様に一人のひととしての権利をもっているという考えである．日本は 1994 年に批准しており，児童福祉法やこども基本法（2023）には，子どもの権利条約の考えが反映されていることがわかる．これらのことを踏まえると，おとなが子どもと関わるときには，常に子どもの人権を尊重して関わる必要がある（第 1 章，コラム 4-2 参照）．

場面 4-8

　0 歳児の N ちゃんが，自分で靴を履こうと試行錯誤している．それに気づいた O 先生は N ちゃんの様子を見守っている．自分で履きたいけれど，どうしてもうまく履けない N ちゃんは，困った表情で O 先生を見た．N ちゃんと目が合った O 先生は「N ちゃん，靴を履きたいのよね？　先生がお手伝いしましょうか？」と尋ねた．N ちゃんは，頷きながら O 先生に靴を差し出した．

52　第 4 章　いのちが大切に育まれ，安心・安全を感じると，自分らしく生きられます

図 4.8 乳児が自分で仕度をしようとしている場面

「0歳児だからまだわからないだろう」「小さいから世話をしてあげなくては」「0歳児だから何もできない」などと考えがちではあるが，それは，おとなの一方的な都合であり，子どもを主体とした関わりにはならない．子どもをおとなと同じ一人の意思あるひととして関わるとは，場面 4-8 のように，子どもに尋ね，子どもの意見を聞きながら物事を進めていくことである（図 4.8）．

また子どもの人権を保障していくことは，子どもがおとなを信頼し情緒的な安定を得ることや，主体性・自主性を育むことにもつながる．子どもが信頼できる身近なおとなの存在があれば情緒的な安定が得られやすい．一人一人の子どもが，保育者など身近なおとなに受け止められるなかで安定感をもって過ごし，自分の気持ちを安心して表せると，子どもの心の成長にもつながる．子どもは，周囲のひとからかけがえのない存在として受け止められ，認められることで，自己を十分に発揮することができる．それが，周囲への信頼感や自己肯定感を高めることにつながる．そして子どもは保育者などの身近なおとなとの信頼関係をよりどころとして，周囲の環境に対する興味や関心を高め，活動範囲を広めていく．

4.2　ひとが生きていくための土台ができると教育も可能に

場面 4–9

　0歳児のPちゃんは，乗り物のおもちゃが大好きだ．今日もお気に入りの乗り物のおもちゃを棚から手に取り，一生懸命タイヤを回し集中して遊んでいる．そろそろ昼食の時間だが，担当のQ先生は，Pちゃんが遊びに夢中なことを理解すると，Pちゃんの遊びがひと段落するのを待った．Pちゃん

が遊び終え，Q先生を探した．そこでQ先生は「そろそろご飯を食べますか？」とPちゃんに伝えると，Pちゃんは自分で食事のテーブルに向かった．

　乳幼児期の教育は，4.1で紹介してきたような，子ども自身が安心して自分の思いや力を発揮できる環境のもとで，場面4-9のように子どもが遊びなど自発的な活動を通して，体験的にさまざまな学びを積み重ねていくことが重要である．保育者が温かなまなざしや信頼をもち，子どもの育つ姿を見守り，援助することにより，子どもの意欲や主体性が育まれる．これらが乳幼児期の教育である．乳幼児期の教育は，こうした養護（生命の保持，情緒の安定を図る援助や関わり）を基盤としながら展開される．

引用文献
こども家庭庁：こども基本法，2023
日本ユニセフ協会：子どもの権利条約 https://www.unicef.or.jp/crc/（2024年12月19日閲覧）

コラム 4-1

誕生日は感謝を伝える日
—「生まれてきてくれてありがとう」
「産んでくれてありがとう」—

溝部　聡子

　「お誕生日」といえば，ひとがこの世に生まれてきた特別な日であり，自分の存在を祝い，無事に1年を過ごせたことへの感謝の気持ちを伝える日というのが一般的な考え方かもしれません．しかし，社会的養護の現場にいると「生まれてきてくれてありがとう」「産んでくれてありがとう」だけではない現実を目の当たりにすることが多くあります．

子どもの「いのち」を守る

　私はもともと乳児院の保育士として勤務していました．乳児院で生活している子どもたちの背景はさまざまですが，出生後に名前をつけてもらえず苗字から一文字とってあだ名で呼ばれていた赤ちゃんや1歳のお誕生日直前にネグレクトで保護された男の子などと出会い，「誰がこの子の出生を祝ってくれているのだろう」と胸が苦しくなることもありました．

　近年「赤ちゃんポスト」という言葉を耳にしたことがある方もいるのではないかと思います．赤ちゃんポストは熊本県熊本市の慈恵病院に設置されている，さまざまな事情で赤ちゃんを育てられない親が匿名で預けることのできる窓口です．森本（2022）によると，2020年3月までに赤ちゃんポストに預けられた155人中，身元がわからなかった子が31人いたとのことで，身元がわからないということは，自身の正確な誕生日が不明ということも十分考えられるでしょう．もし自分がその立場だとしたら，「お誕生日は感謝を伝える日」と思えるのか…簡単に答えることはできません．子どもの権利条約（1989年）には，「出自を知る権利」（自分がどのようにして生まれたのか，自分の遺伝的ルーツはどこにあるのかを知る権利）が記されていますが，現実として，戸籍がない，生みの親の情報がない，誕生日が不明…このような状況に置かれている子どもたちが少なからず存在するということと，子どもの人生の連続性を保障するためにできることは何なのかについて，私たちは考え続けなければならないと思っています．

　現在，私が勤務しているかわさき里親支援センターさくらは，里親支援機関として，特別養子縁組家庭の支援を行っています．特別養子縁組は，予期せぬ妊娠や虐

待，経済的困窮などを理由に，法的な親を必要とする子どもに永続的な親子関係を保障するための制度です．子どもの年齢が小さいほど，自分で「特別養子縁組をしてほしい」と言うことはできず，子どもに関わるおとなたちが子どもの最善の利益を考えて決断することになります．もちろん子どもの幸せを願っての決断ではありますが，子どもにとっては自分の意思ではないところで生涯にわたる大きな決定が下されたという点で，大きな葛藤を伴うこともあるでしょう．成人したある養子当事者が，「実の親になってほしいわけではない」「養親には一番近くで伴走してくれる存在でいてほしい」と話されているのを聞いたときには，とてもハッとさせられました．

「生まれてきてくれてありがとう」を伝える

　私はこの仕事で，虐待や生みの親との別れなど過酷な状況を生き抜いてきた子どもたちに「いま，ここに生きていてくれてありがとう」と伝え続けること，それを何より大事にしています．乳児院では，一人一人の子どもの誕生日にお誕生日会をします．栄養士の手作りケーキで施設職員と一緒に過ごす子どもたち全員でお祝いをします．初めてのお誕生日会，自分が主役となって注目されることに緊張して泣き出してしまう子もいます．でも，それでいいんです．自分のことを大切に思ってくれていたひとがいるということ，そして「生まれてきてくれてありがとう」の気持ちが，いつの日か伝わることを願って，心からお誕生日のお祝いをしています．お誕生日は感謝を伝える日…「産んでくれてありがとう」を伝えるかどうかは，子ども自身が決めることであり，おとなの考えを押しつけるつもりはありません．しかし，どのような理由があろうと，生みの親はお腹に宿ったいのちを育ててきてくれた唯一無二のひとであり，産む決断をしていなければその子に出会うことはできません．また，何らかの事情で産まれた子どもを自分で育てない道を選ぶということは，子どもの人生を他者に委ねることで，子どもの「いのち」を守ろうとしていることでもあります．乳幼児期は，とくに自分を守ってくれるおとなの存在が必要であり，何らかの事情で生みの親がその役割を果たせない場合，誰かしらにお世話をしてもらわなければ生き延びることはできません．子どもの人生に携わるひととして，子ども自身が「いのち」を支えてくれる存在がいたということを感じられ，少なくとも「生まれてきてよかった」と思えるよう，「生まれてきてくれてありがとう」を伝えながら子どもたちと関わっていきたいと思います．

引用文献

森本修代：子どもの出自を知る権利を考える，中央公論，2022 年 6 月号

コラム 4-2

地域もともに子どもの育ちを支える
―親子が一緒にほっと笑顔になれる
場所をめざしています―

亀山　恒夫

　さきちゃんち petit は，文京区の小石川植物園入口のすぐ近くにある 0～2 歳児の親子向けのひろばです．「あそぶ・まなぶ・くつろぐ」ことのできる「まちのおうち」のような場所，親子がほっと笑顔になれる場所，子育てについて気軽に相談できる場所，がコンセプトです．2020 年 3 月に開設し，区の地域子育て支援拠点事業を活用し，任意団体のさきちゃんち運営委員会が運営しています．

地域もともに子どもの育ちに関わるということ

　さきちゃんち petit のある地域は，都心に近く利便性が高いことと，教育施設が整っているイメージがあることから，子育て世帯が転入して増えています．一方，核家族化や少子化の影響により，身近に頼ることのできる親類や知人がいない世帯も多くなっています．ネット上などには子育て情報があふれているにもかかわらず，日々の子育ての悩みや疑問を打ち明け，共有できる相手がいないために親子が孤立しやすい状況にあります．

　さきちゃんち petit の開設にあたっては，以前より培ってきた地域のネットワークをいかし，地域の専門職の方（保育士，幼稚園教諭，看護師，保健師などの経験者）や子育て支援員研修を受けた地域の方にスタッフとして入っていただいています．子どもの健康，食事，遊びなど日々の成長に関わる親のちょっとした戸惑いや悩みに対して，スタッフは「教える」「アドバイスする」のではなく，話を聴いて「寄り添い」「勇気づける」関わりを大切にしています．

　また，地域の緩やかなつながりづくりを意識して，スタッフだけでなく利用者同士で話せるように心がけています．一見何気ない利用者の日々の戸惑いや悩みなどを，ひろばを通して身近にいる地域の方と共有することで，ともに子どもの育ちを見守る環境が育まれています．親とともに地域も子どもの育ちに関わることで，子育て世帯が孤立してしまうことを未然に防ぐことにつながっていると考えています．

親子が一緒にほっと笑顔になれるための工夫

　地域の緩やかなつながりを生むためには，そもそも乳児のいる世帯にひろばを知ってもらう必要があります．そのため乳児の健診を行っている保健センターの保

健師，地域の主任児童委員（民生児童委員）にさきちゃんち petit を紹介していただくなどの連携をとっています．また，すでに利用している方の口コミやウェブサイトを見て来ていただいた方もいます．

　ひろばに行ってみようと思ってもらうためにもさまざまな工夫をしています．開設した時期が新型コロナウイルス感染症の感染拡大と重なったこともありますが，限られた空間を落ち着いて利用できるように時間枠を設けて予約制をとっています．できるだけ多くの方が利用できるように，スマートフォンなどで予約状況を確認し，いつでも利用予約やキャンセル待ちの申し込みをできるようにしています．

　内装には木材を使い，温かい家庭的な雰囲気にしています．スタッフの意見も聴きながら成長に合わせたおもちゃを揃えています．子どもがおもちゃを舐めたりするので，使い終わったおもちゃを消毒したり，室内を清潔に保つようにして，利用者が安心して利用できるように配慮しています．

　またさまざまなイベントなども開催しています．地域の高齢者グループによる絵本の読み聞かせ，スタッフによる手遊びの会，おもちゃづくりの会，音あそびの会，ハイハイ前の同じくらいの月齢の子の親同士で情報交換や触れ合い遊びをする会，親子ヨガ，地域に住むセラピストによるもみほぐしのリラックスタイムなどなど．

　さらに，SNS のグループ機能を活用し，子育てや子どもの健康に関する情報，お出かけに便利な毎日の天気や季節の情報，地域情報なども提供しています．また，オンラインの会議システムを利用して，スタッフによる手遊びや絵本の紹介などをリアルタイム配信して，さきちゃんち petit に直接来られなくても参加できる機会をつくっています．

　このような細かい工夫は，親子が少しでもくつろぐことができるようにと取り組んでいるものです．利用者からの声は，日々の会話やスマートフォンで回答できるアンケートなどで集め，スタッフ間で共有し，できるところから運営に反映させています．親がくつろぎ，日常の慌ただしさのなかでちょっとした余裕をもつことができると，子どもとのアタッチメントの形成によい影響を与えると考えています．

第5章 健康な心とからだは，生きる力の源です

越智 幸一

5.1 健康な心とからだとは

5.1.1 「幼児期の終わりまでに育ってほしい姿」における「健康な心とからだ」

2017 年 3 月告示の幼稚園教育要領（文部科学省，2017），保育所保育指針（厚生労働省，2017），そして幼保連携型認定こども園教育・保育要領（内閣府・文部科学省・厚生労働省，2017）においては，「幼児期の終わりまでに育ってほしい姿」として 10 の姿が示されている．この姿は，保育者が 5 歳児クラスの後半に向けて導いていく方向性であり，乳幼児期にふさわしい生活や遊びを通じて育まれる資質や能力を指している．

この 10 の姿のうちの 1 つが「健康な心とからだ」である．その内容は，「それぞれの園における生活のなかで充実感をもって自分のやりたいことに向かって心とからだを十分に働かせ，見通しをもって行動し，自ら健康で安全な生活をつくり出すようになる」である．ここでいう「心とからだ」は常に一体であることに留意する必要がある．子どもたちは主体的にからだを動かし，その経験から心を育てていく．一方で，やりたいことに対して積極的に取り組もうという前向きな心が，健康なからだづくりにつながっていく．

5.1.2 健康な心とからだを育むには

健康な心とからだは，他者との信頼関係を基盤に，保育所や幼稚園などの保育活動全体を通して育まれる．各園での遊びや生活，さまざまな活動，保育者の援助を通じて，子どもの身体的な発達が促されることで，心の発達も同時に進行する（コラム 5-1 参照）．からだを動かし，さまざまな活動に参加することで，子どもたちは自己表現や感情のコントロール，社会的スキルを身につけていく．また，心とからだの発達が進むことで，子どもたちは自分自身を理解し，自分の興味や関心をみつけることが可能となる．そして，子どもは自分の「やりたいこと」を実現するために心とからだを十分に働かせ，こうした経験を通じておとな

表 5.1 MOVERS（Movement Environment Rating Scale）の評定項目

サブスケール	項目
身体の発達のための カリキュラム，環境，道具や遊具	1. 身体活動を促すための環境空間をつくること 2. 可動式・固定式の設備・備品を含む道具や遊具を提供すること 3. 粗大運動スキル 4. 微細運動スキルを支えるからだの動き
身体の発達のための ペダゴジー	5. 保育者が，屋内・屋外での子どもたちの動きに関わること 6. 屋内・屋外で子どもたちのからだの発達を観察し評価すること 7. 屋内・屋外におけるからだの発達のために計画すること
身体活動と批判的思 考を支えること	8. 子どもたちの動きに関する語彙を支え，広げること 9. 身体活動を通してコミュニケーションをとり，相互に関わることで「ともに考え，深めつづけること」を支えること 10. 屋内・屋外で子どもたちの好奇心や問題解決能力を支えること
保護者と保育者	11. 子どもたちの身体の発達と彼らの学び，発達，健康により育まれるものについて保育者が家庭に伝えること

の支援を受けるだけではなく，自ら健康で安全な生活を築いていくことができるようになる．

　保育者は，子どもたちのこうした主体的な活動を促すために，園での生活の流れや環境，遊具などについて的確に理解し，子どもたちが必要な体験を得られるよう工夫することが求められる（第3章参照）．加えて，健康で安全な生活のための適切な指導も必要となる．子どものからだを育てるための環境が用意されているか，子どもが十分な身体活動を行えるような保育者の関わりが実現されているかといった点を評価する指標としてアーチャーとシラージ（Archer and Siraj，2017，秋田監訳，2018）が開発した MOVERS（Movement Environment Rating Scale）がある．表5.1 にこのスケールの評定項目を示す．

5.2　乳児期における心とからだの発達

5.2.1　乳児期における心の発達

　エリクソン（Erikson，1959，小此木訳，1973）は，誕生から死までのひとの生涯を8つの発達段階に分け，それぞれの発達段階には達成すべき発達課題があるとした．なかでもエリクソンは誕生から1歳くらいまでの乳児期の発達課題を「基本的信頼感 vs 基本的不信感」とし，乳児期は養育者をはじめとする重要なおとなから適切な世話を受けることにより，ひとへの信頼感を育んでいくとした．反対にひとに対して信頼感を得られない場合，不信感を抱いてしまい，このことが自己に対する不信感にもつながってしまう．

60　第5章　健康な心とからだは，生きる力の源です

この基本的信頼感の基盤となるのが，ボウルヴィ（Bowlby, 1969, 黒田ほか訳，1991）によるアタッチメント（愛着）である（第1章参照）．アタッチメントとは，子どもが特定のおとなとの間に形成する情緒的な絆のことをいう．このアタッチメントを生み出すためには，おとなによる以下の関わりが重要となる．
①安定した愛情の提供：おとなによる笑顔やスキンシップを通じて子どもは自分が愛されていることを実感することができる．
②おとなの一貫した対応：子どもが不安や恐怖を感じたときにおとなは適切に反応し，子どもを安心させることが大切となる．その際，対応が一貫していることにより，子どもは自分の周囲の世界が予測可能で信頼できることを学ぶ．
　こうした関わりを通じて，子どもは安全基地を得ることができる．安全基地とは，子どもが不安を感じたときに戻ってくることができる場所であり，子どもに精神的な安定感を提供する．この安全基地の存在により，子どもは安心して探索活動を行うことができるのである．安全基地を得た子どもは積極的に周囲の世界を探索するようになる．そして探索活動は以下のように子どもの心とからだの発達に大きな影響を与える．
①心の発達：探索活動を通じて子どもは新しい経験を積み重ね，問題解決能力や社会的スキルを身につけていく．新たな事象や他者と関わり，さまざまな状況に適応することで，情緒的な柔軟性や共感性も育まれていく．
②からだの発達：探索活動をすることにより，子どもはからだを動かす機会が増え，運動能力が向上していく．さまざまな遊びや運動を通じて，筋力，バランス感覚，手先の器用さなどが発達する．
　この心の発達とからだの発達には相互作用があり，心の発達がからだの発達を促し，逆にからだの発達が心の発達を促す．すなわち，心が安定している子どもは，より意欲的に新しい運動を試みることができ，その結果，身体能力が向上する．同様にからだが発達することで，自信が生まれ，心理的な安定感が増すという好循環が生じる．この好循環のなかで子どもは健全に成長していくのである．

5.2.2　乳児期におけるからだの発達

　ひとは誕生以降，1年間で急激に発育する．乳児は身長や体重などのからだの発育に伴い，さまざまな運動機能を発達させていく．運動機能の発達は通常，粗大運動（移動運動），微細運動（手の運動）に分けられる．図5.1に粗大運動の大まかな発達を示す．微細運動の発達は，まず手の全体でモノを把握することから始まる．その後，しだいに指を使うようになり，1歳くらいになると，親指と

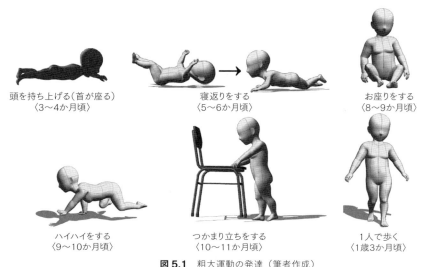

図 5.1 粗大運動の発達（筆者作成）

人差し指で小さなモノをつまむことができるようになる．

5.2.3 乳児保育における「健やかに伸び伸びと育つ」という視点

　5.2.2 でみたように乳児期はからだの著しい発育発達がみられる時期である．たとえば首が座り，寝返りがうてるようになると乳児は自分の意思でからだを動かすようになる．さらに座位が安定し，ハイハイもできるようになると探索活動がさかんになり，周囲の環境に対する興味や関心が高まっていく．また，この時期は，食事についても著しい変化がみられる．離乳食が始まり，乳児はしだいに形や固さのある食べ物を摂取するようになる．食事の変化は，乳児の身体的発達を促し，さらに探索活動を支えるエネルギー源となっていく．この時期に乳児は食べることの楽しさや新しい味覚を経験し，このことにより心身の発達がいっそう促されるのである（第 4 章参照）．また乳児期には 5.2.1 で述べたように，おとなとの関わりを通じた信頼感や愛着形成が重要である．この信頼感をもとに乳児は言葉の発達の基盤を築いていく．乳児が身振りや指さしで自分の意思を伝えようとするのは，おとなとの関わりのなかで安心感が得られているからである（コラム 6-2，第 8 章参照）．

　乳児期にこのような心とからだの発達を促すために，保育所保育指針（厚生労働省，2017）には表 5.2 に示すような 3 つの「ねらい」があげられている．この「ねらい」を達成するためには，子どもが温かい触れ合いのなかで，心とから

表 5.2 エリクソンの心理社会的発達とそれに対応する保育所保育指針の「ねらい」

年齢区分	エリクソンの発達段階	保育所保育指針の「ねらい」
乳児期	基本的信頼 vs 不信	①身体感覚が育ち，快適な環境に心地よさを感じる． ②伸び伸びとからだを動かし，はう，歩くなどの運動をしようとする． ③食事，睡眠などの生活のリズムの感覚が芽生える．
1～3歳	自律性 vs 恥・疑惑	①明るく伸び伸びと生活し，自分からからだを動かすことを楽しむ． ②自分のからだを十分に動かし，さまざまな動きをしようとする． ③健康，安全な生活に必要な習慣に気づき，自分でしてみようとする気持ちが育つ．
3～5歳	積極性(自発性) vs 罪悪感	①明るく伸び伸びと行動し，充実感を味わう． ②自分のからだを十分に動かし，進んで運動しようとする． ③健康，安全な生活に必要な習慣や態度を身につけ，見通しをもって行動する．

だの発達を促すことが重要となる．たとえば子どもが空腹を感じたときに，タイミングよく保育者に食べさせてもらうことでお腹が満たされて心地よさを感じたり，オムツが濡れて不快に感じたときにも，保育者にオムツを交換してもらうことで清潔になった心地よさを感じたりする．こうした働きかけを繰り返し受けることでエリクソンがいうところの基本的信頼感が生まれ，子ども自身の自己肯定感も育っていく．

　この時期は，子どもたちの寝返り，お座り，ハイハイなどの発達に合わせてからだを動かす機会を十分に提供し，自らからだを動かそうとする意欲を育むよう心がけることが大切である．そのためには日常の保育の場面で，子どもたちが個々の発達段階に即してからだを動かす機会を確保し，たとえば子どもがボールを転がしている場面で，「おもしろいね」「うわー」「すごいね」などの言葉をかけたり，子どもががんばって立ち上がった場面で「立てたの」「できたね」「やったね」といった言葉をかけたりして，からだを動かす意欲が自然に芽生えるような関わりが大切となる（コラム 5-1 参照）．

　またこの時期は心とからだの健康を促進するために，望ましい食習慣を身につけることも大切である．離乳食の進行に合わせてさまざまな食品に触れ，食事の喜びや楽しさを共有しながら進んで食べようとする気持ちを育んでいく．そのためには保育者が子どもたちに対して温かく言葉をかけ，食べることに対する意欲を促進させることが大切である．

　午睡に関しては，子どもたち一人一人の生理的なリズムを尊重し，静かで安心

5.2　乳児期における心とからだの発達　　*63*

して眠れる場所を確保することが大切となる．しっかりと寝た子どもの情緒は安定し，活発な探索活動につながるのである（第4章参照）．

5.3　1歳以上3歳未満児における心とからだの発達

5.3.1　1歳以上3歳未満児における心の発達

　Erikson（1959，小此木訳，1973）は1歳頃から3歳にかけての発達課題を「自律性 vs 恥・疑惑」としている．この時期，子どもたちは，自分のからだをコントロールできるようになっていき，それに伴い自律性の感覚を身につけていく．たとえばトイレ・トレーニングがはじめはうまくいかなかったとしても，徐々に排泄のコントロールが可能になっていく．また自律性の獲得とともに，おとなに反抗を示したり，おとなの提案を拒否したりするようにもなる．「自分で」や「だれだれちゃんの」という言葉を頻繁に発するようになる．自分からさまざまなことに挑戦し，成功すると褒められ，それが自信や意欲につながる．逆に失敗を叱られてばかりいると，自信が育たず，恥や疑惑の気持ちを抱くようになる．

5.3.2　1歳以上3歳未満児におけるからだの発達

　1〜3歳にかけてのからだの発育を，身長を例にみてみると，1歳くらいには出生時の1.5倍くらいに増加する．そして3歳くらいの時期には出生時の2倍くらいに増加する．同様に体重は1歳くらいの時期には出生時の3倍くらいに増加し，3歳くらいの時期には4倍くらいまで増加する．ただし，図5.2が示すようにか

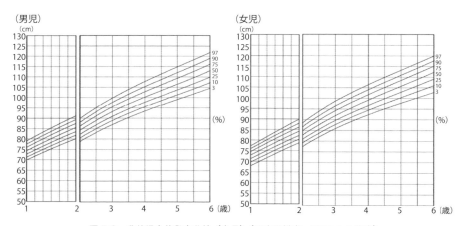

図 5.2　乳幼児身体発育曲線（身長）（厚生労働省，2010 から作成）

らだの発育は個人差が大きいことに留意する必要がある（厚生労働省，2010）。また近年子どもの肥満が問題となっており，乳幼児期からの過剰なカロリー摂取や運動不足などに留意することが重要である。

このようなからだの発育とともに，1, 2歳の時期にはさまざまな運動機能が発達する。森田（2023）はこの時期の運動能力の発達を以下のようにまとめている。

1歳児：歩くことが運動の中心であり，いろいろなところを歩くことにより，からだのバランスのとり方や姿勢の制御を学んでいく。1歳の後半になると，ボールを転がしたり，車を押したり，砂場でプリンをつくったりなど，さまざまなものを操作するようになる。

2歳児：2歳になると走るという動作が出てくる。最初はあまり速くなく，まっすぐに走ることも難しい。走る以外にも，跳ぶ，登る，降りる，蹴るといった動作も可能になる。これらの動作も最初はぎこちない動作からなめらかな動作に移行する。また，リズミカルな曲に合わせてからだを同調させて動かすようになる。

5.3.3　1歳以上3歳未満児の保育における領域「健康」

以上のように1～2歳台の時期の心の発達では，自律性が育ち，自己主張がみられるようになり，からだの発達としてはさまざまな運動機能が育っていく。このような子どもの発達を促すため保育所保育指針（厚生労働省，2017）では，領域「健康」において表5.2に示された1～3歳における3つのねらいがあげられている。この「ねらい」を達成するために以下のような工夫があげられる。

先述したように子どもはさまざまなところを歩くようになると，周囲のいろいろなところに興味を広げ，そこへ行きたがるようになる。保育者は子ども一人一人の興味や関心に合わせた環境を用意し，子どもの行動範囲や動線に配慮した空間づくりを工夫する必要がある。2歳くらいになると，子どもはさまざまな動作が可能となる。ここでも保育者は子どもが多様な動きができるように，段差のある場所，傾斜のある場所，トンネルなど多様な環境を用意することが大切である。そして子どもと保育者が遊びを共有し，子どもたちがからだを動かすことの楽しさを体験することが重要となる。

この時期は生活に必要な基本的な習慣（食事，排泄，睡眠，衣類の着脱，清潔）が身についてくるが，最初はうまくいかないことも多い。保育者は子どもの気持ちやペースに十分な配慮をしながら，丁寧な対応が大切となる。たとえば，外遊びの後に手を洗うとき，「おててを洗おうね」「きれいにしようね」などと言葉をかけたり，子どもが手を洗ったら，「きれいになったね」「ぴかぴかだね」な

どと言葉をかけたりして，子どもにとってわかりやすい言葉で丁寧に繰り返し伝えていくことが重要である．また，子どもたちの「自分でしよう」という気持ちを尊重し，見守る姿勢が大切となる．これらの基本的な習慣を身につけていくには家庭との連携も欠かせない．園での取り組み状況を連絡帳などで家庭と共有し，園と家庭がともに子どもを温かく，長い目で見守っていくことが重要である．

5.4　3歳以上児における心とからだの発達

5.4.1　3歳以上児における心の発達

Erikson（1959，小此木訳，1973）は3〜5歳にかけての発達課題を「積極性（自発性）vs 罪悪感」とした．子どもたちは幼稚園や保育所において家庭とは異なる生活を経験する．自身の周囲の世界に関心をもち，世界に関わろうとする積極性を発揮するようになる．しかし，周囲のおとなが子どもの行動を叱ってばかりいると罪悪感を抱いてしまう．おとなたちは子どもの積極性を見守りつつ，ときには気持ちのコントロールや他者との協調も教えていくことが重要である（コラム8-1参照）．

5.4.2　3歳以上児におけるからだの発達

先の図5.2が示すように，身長は2歳くらいまでは急激に増加するが，その後は学童期前半までは比較緩やかに増加していく．体重も同様に2歳児以降は学童期前半までは緩やかな増加がみられる（厚生労働省，2010）．

森田（2023）によると，3歳児は走りが安定し，飛び降りたり，ジャンプしたり，ケンケンをしたりなど，全身をダイナミックに使用するようになる．また，ブランコやジャングルジムなど固定遊具を使ってさまざまな遊びをするようになる．4歳児は，しだいにルールを理解するようになるとともに鬼ごっこなどの遊びをするようになる．からだのバランスをとることが上手になり，高いところへ登ったり，平均台の上を渡ったりすることも可能となる．また，神経系の発達とともにさまざまな道具を使いこなすようになる．5歳児になると，基本的な動作は完成し，多様な動きを組み合わせて複雑な動きをするようになる．また，この時期は運動への好き嫌いも出やすくなるため，子どもたちが運動することの喜びや興味を失わないような工夫が大切となる（コラム3-1参照）．

5.4.3　3歳以上児の保育における領域「健康」

　先述したように，3歳以上になると，子どもは積極的に周囲の世界と関わろうとし，また，ダイナミックなからだの動きをするようになってくる．ルールを理解し，友だちとゲームを楽しむ様子もみられるようになる．こうした子どもたちの発達を支えるために，保育所保育指針（厚生労働省，2017）や幼稚園教育要領（文部科学省，2017）では，表5.2に示されているように3〜5歳における領域「健康」の「ねらい」を3つあげている．この「ねらい」を達成するためには以下のような工夫があげられる．

　子どもたちは保育者や仲間との温かい交流を通じて自己の存在感や充実感を味わう．この充実感は単に運動をしてすがすがしい気持ちになるといった表面的な感覚だけではなく，子どもの内面の自己充実にもつながっていく．子どもは自分の存在が受け入れられていると感じると，生き生きと行動し，本心や個性を表現するようになる．反対に子どもは自分の存在を否定されると，心を閉ざしたり，屈折した気持ちを表したりするようになる．保育者には子どものありのままの姿をそのまま受け止める姿勢が求められる．

　この時期の子どもはからだのバランスを上手にとるようになり，からだ全体をダイナミックに使って多様な運動をするようになる．保育者は戸外も含め，さまざまな遊びでからだを動かす機会を提供し，子どもが進んでからだを動かそうとする意欲を育むことが大切である．

　この時期の子どもたちは保育者から適切な援助を受けることにより，たとえば食事の前には手を洗うなど，さまざまな生活習慣を自分からしようという気持ちが育っていく．保育者や友だちとの関係のなかで身につけた習慣や態度は子どもの自信にもつながり，徐々に見通しをもって生活することが可能になっていくのである．

5.5　乳幼児期までの発達と児童期以降の発達とのつながり

5.5.1　保幼小の連携について

　本章の冒頭で，「健康な心とからだ」は「幼児期の終わりまでに育ってほしい姿」の1つであると述べた．この「幼児期の終わりまでに育ってほしい姿」は，高櫻（2019）が述べているように，幼児教育の最終目標と結果ではなく，幼児教育だけで完結するものでもない．「幼児期の終わりまでに育ってほしい姿」は，幼児教育がめざす方向性であり，小学校教育の成就に向けて必要不可欠な準備として育むのではなく，小学校教育の土台となるものである．

保育所や幼稚園では，幼児期にふさわしい生活を通じて創造的な思考や主体的な生活態度などの基礎を培うことが目標となっている．幼児期に培われた「健康な心とからだ」は，小学校入学後の子どもたちの生きる力となり，好奇心や探究心，豊かな感性を発揮する土台となるのである．

5.5.2　乳幼児期までの発達がその後の生活の土台となる

　安部ら（2022）は就学前に運動スキルを身につけることが，将来の運動時間増加につながるという研究を紹介している．また，就学前に肥満だった子どものほぼ90％は15〜18歳の青年期にも「ふとりすぎ」または「肥満」の状態を維持しているという．なぜなら幼児期に脂肪を蓄える貯蔵庫をたくさん身につけて成長すると，そのまま肥満になりやすい状態を維持したままおとなになる可能性が高いからである．安部らは，肥満予防には，鬼ごっこや縄跳び，ジャングルジムなどの遊具を使った遊びを豊かに行うことが大切だと述べている．

　金ら（2011）は，子どもの成長において重要な部分を占めている幼児期に，子ども自身が運動遊びに興味をもち，進んで身体活動を行うことが，小学校入学後も活発な生活を送り，健康や体力などにもよい効果をもたらすことを示している．

　変化の激しい現代社会において，そして人生100年時代といわれているいま，乳幼児期から培われる健康な心とからだはまさに生きていく源であるといえよう．

引用文献

安部孝：子どもの肥満―どのように評価し，どのように改善するのか．安部　孝・尾崎隼朗・川畑和也・清水洋生・宮田洋之：子どもの健康と遊びの科学―からだと心を育む術，講談社，43-51, 2022

Archer, C. and Siraj, I.：*Movement Environment Rating Scale（MOVERS）for 2-6-Year-Olds Provision*, UCL IOE Press, 2017（秋田喜代美監訳：「体を動かす遊びのための環境の質」評価スケール―保育における乳幼児の運動発達を支えるために，明石書店，2018）

Bowlby, J.：*Attachment and Loss, Vol. 1 Attachment*, Hogarth Press, 1969（黒田実郎・大羽蓁・岡田洋子・黒田聖一訳：母子関係の理論Ⅰ―愛着行動，岩崎学術出版社，1991）

Erikson, E. H.：*Identity and the life cycle, Psychological Issues Vol.1 No.1 Monograph 1.*, International Universities Press Inc., 1959（小此木啓吾訳：自我同一性―アイデンティティとライフサイクル，誠信書房，1973）

金美珍・小林正子・中村泉：幼児期の運動や運動遊びの経験が学童期の子どもの生活・健康・体力に及ぼす影響．小児保健研究，**70**(5)，658-668, 2011

厚生労働省：保育所保育指針，2017

厚生労働省：平成22年乳幼児身体発育調査の概況について，2010

文部科学省：幼稚園教育要領，2017

森田陽子：乳幼児期の運動発達．鈴木みゆき・望月文代編：保育内容「健康」―幼児期の教育
と小学校教育をつなぐ，ミネルヴァ書房，46-63，2023

高櫻綾子：子どもたちにとっての保幼小の連携・接続．高櫻綾子編：子どもが育つ遊びと学び
―保幼小の連携・接続の指導計画から実践まで，朝倉書店，1-15，2019

内閣府・文部科学省・厚生労働省：幼保連携型認定こども園教育・保育要領，2017

コラム **5-1**

心とからだの発達をうながす遊び環境づくり
―たくさんハイハイすると，
楽しくて，面白い発見があるよ―

古矢美由起

ハイハイで始まる赤ちゃんの冒険

　子どもは生まれながらに育つ力をもっています．この育つ力が開花できるためには，適切な働きかけが必要です．赤ちゃんは順調に発達すれば，生まれてから首が座り，寝返りをし，そしてハイハイを始めます．ハイハイができるということは，それまではおとなに抱っこなどをしてもらわないと移動できなかったり，おとなに取ってきてもらうなどしないとほしいものが得られなかった子どもが，自ら移動し，自分のほしいものを得ることができるようになるということです．このことは，将来の歩行につながるというだけでなく，子ども自らが自分の世界を広げることができるようになるということです．そして，子どもが自らの力で世界を広げることができるということは，さまざまなもの・ことと出会い，関わることができるということです．それは楽しいこと，面白いことを経験できるということでもあります．「あのおもちゃで遊びたい！」「もっと面白そうなものがあるかも」といった好奇心も育ってきます．このように考えると，ハイハイは，心とからだ双方の発達を促すものと考えられます．好奇心が芽生え，自分のからだが支えられるようになると，見える世界が変わり，さまざまなことに意欲的になってきます．

思わずハイハイしたくなる遊び環境づくりと保育者の働きかけ

　ハイハイをしだすとますます目が離せなくなりますが，赤ちゃんの冒険が始まるともいえます．家庭では危ないからと歩行器やサークルのなかに入れてしまうこともあるようです．そうするとハイハイよりもつかまり立ちをするようになります．つかまり立ちを覚えるとますますハイハイをしなくなります．四つん這いになってからだを支える動きはとても大切でケガの予防にもなります．かといっ

70

て家庭で家事をしながら赤ちゃんを見守るのは大変です．「床に危ないものを置いているのでどうしたらいいのか…」「家が狭いのでハイハイをしてもらいたくてもできないんです」など，保護者の方の悩みをよく聞きます．ほとんどの保護者の方はハイハイの重要性は理解していますが，環境を整えることが難しいと感じているようです．

　そこで，保育園ではできるだけハイハイを十分できるように安全な環境を整えるようにしています．平坦な場所でハイハイするだけでなく，でこぼこ道や坂道，トンネルくぐり，階段上りなど…遊びのなかに積極的に取り入れて，楽しくハイハイができるようにしています．そのためには子どもたちが「楽しい！」「やってみたい！」と思わず自分からハイハイしたくなるような環境づくりが必要です．とくに乳児期は，ただ環境を整えるだけではなく，保育者が肯定的な言葉かけをし，一緒に楽しむことが重要です．「大丈夫だよ」「こっちにきてごらん」「ライオンさんだぞ～！　まてまて～」など，遊びを取り入れ子どもたちがわくわくしながら楽しんでハイハイができるようにしています．また，保護者の方に連絡帳や園のおたよりのなかでハイハイの重要性を伝える工夫もしています．

　これからも，安全で安心して過ごせる保育園をめざして，子どもたちの目線で一緒に楽しめる保育者になれたらいいなと思っています．

コラム **5-2**

遊びが心とからだを強くする
―どろんこになって遊んで，いっぱい食べて，
大きくな～れ！―

鈴木　友規

　子どもが集中して遊び込む姿をみていると，「成長してるな」「伸びてるな」「強くなってるな」とつぶやいてしまうことがたくさんあります．砂山のトンネルづくりに失敗しても再度挑戦している姿をみれば，「今度はどうすれば崩れないようにできるかを考えているんだろうな」と見守り，友だちと縄跳びの回数を競いながら自己最高記録をめざす姿をみると，「自分でどうすればもっと跳べるようになるかを考えているんだろうな」と心のなかで応援し，虫探しが好きで図鑑や飼育本で虫を調べている姿をみると，「どうしたら目的の虫を捕まえることができるか考えているんだろうな」など，遊び込むことで試行錯誤し，失敗や成功を繰り返して子どもの心は強くなっているのだと実感します．たくさん遊ぶと自然とお腹も減りますので，おいしく給食をいただくことができ，からだも健康的に強くなります．

　今回の事例は心もからだも強くなる保育の環境づくりの一例としてサツマイモに関わる園児たちの食育の事例になります．

みて，想像して，楽しみに待つ

　スギナ保育園は福島県郡山市に所在しています．住宅に囲まれており，豊かな自然環境が身近にあるわけではありません．園庭には数本の木々と砂場や複合遊具があるぐらいですが，小さな畑があり，3～5歳児が毎年野菜を育てています．なかでも5歳児クラスは，年間食育計画の一環としてサツマイモを題材とした活動を行っています．サツマイモの苗を植え，ツルがどんどん伸びて葉っぱがどんどん増えていく様子に子どもたちは関心をもち，土のなかのサツマイモはどうなっているのかを想像しながら楽しみにしています．10月，小さかった葉や短かったツルが伸び伸びと育って畑の土が見えないほどになると，そろそろ芋掘りの時期だと気づきます．

遊ぶことと食べることが生きる力の土台となるように

　スギナ保育園では園庭の畑に加えて，園から3km離れた無農薬農園の一角をサツマイモ畑として使用させていただき，親子活動として保護者と一緒に農園に出かけて芋掘りの収穫を楽しんでいます．子どもたちは「我こそ，大きなサツマイモを掘り当てる！」と言わんばかりに，泥土まみれになりながら土を掘り起こしていきますが…毎年1番の注目の的はミミズです！普段，園庭で目にしているミミズよりもはるかに大きいミミズに子どもたちは高揚し，しばらくは芋掘りよりもミミズ探しに夢中になっています．

　さて，芋掘りはというと，はじめは芋を傷つけてしまうことも多いのですが，すぐにコツをつかんで芋に傷をつけないようにやさしく取り上げることができるようになります．収穫した芋を自慢気に掲げて，友だちとどちらが大きくて重いのかを比べて遊んでいます．農園では芋掘りのほかにも，野花を摘んだり，虫を捕まえたり，カナヘビを探したりと思い思いのまま探検し，遊び込みます．そして待ちに待った焼き芋！　その場で収穫したサツマイモの土を落としてアルミホイルで包み込み，焼きあげた焼き芋です．たくさん遊んだ後の焼き芋はおいしいに決まってますよね．

　スギナ保育園ではサツマイモのツルも料理して食べます．ある日，理事長が「サツマイモのツルは炒めて食べるとおいしいのよね」と，つぶやいたのがきっかけで，子どもたちの興味と意欲のスイッチが入りました．「ツルって，どんな味なんだろう？」と期待の反面，食べたことがないので少し不安な様子です．ドキドキしながら，いざ実食！　「また料理して食べたい」と言わせるほど大好評です．

　さらに残ったツルは数回重ねて輪をつくり，乾燥させると，クリスマスリースの素材として冬の製作活動に一役買います．毎年，子どもたちは自由に思いのままのクリスマスリースをつくり，家に持ち帰って喜んでいますし，何といってもSDGsにつながります．

　このように1年間を通して，苗植え，観察，収穫，調理と食事，遊びの素材と，サツマイモに日常的に触れることで，子どもたちは食材について自然に学んでいます．これからも五感を幅広く刺激してくれる食育体験を通して，楽しく遊んで楽しく食べる子どもの笑顔が将来につながる懸け橋となるように導きたいと思っています．

　サツマイモさん，毎年たくさんの子どもたちをニコニコの笑顔にしてくれてありがとう．また来年もどろんこ土の上で会いましょう．

第6章 人と関わる力は，他者とともに生き，人生を切り拓くためにも必要です

松浦　浩樹

6.1　人と関わる力とは

本章では「人と関わる力は，他者とともに生き，人生を切り拓く」ということはどういうことかについて考えてみたい．「人と関わる力」は，言い換えれば，ひとに関わろうとする自然な力で，基本的欲求でもある．この欲求を受け止めてくれるひとが「いる」から，子どもは安心して，ほほえみ，働きかけ，関わりを求める．どの子どもにも信頼感が基盤となった行為を通じて，他者と出会い，関わりを深め，より豊かな「人生を切り拓く関係」を築いていってほしいと思う．

そこで人と関わる力は，「他者とともに生きる」なかで育つという，ごく当然のことを，本章で「ともに」学びなおしてみたい．ポジティブな心持ちによる行為も，一方で子どもが起こす小さな問題行動も含めて，ネガティブな心持ちから起きる大きな問題行動も，「ともに生きる他者」の存在の在り方によって，その後の「人生を切り拓く」力になるかどうかが左右されるからだ．目の前の子どもがどのような状況にあっても，関わるおとなが，保育者が，これをその子にとっての成長の種と受け止めようと努める．そしてポジティブな方向へとその子と一緒に生き方を考え，模索し，探究し，ときに提案し，「いま・ここ」の状況を少しでも豊かに・楽しく展開させてゆく経験の積み重ねによって，その子が人生を切り拓く心のモデルを培っていく．こういった「ともに生きる」ひとの存在が，人生を切り拓いて幸せに生きるために必要なのだ．

保育を英語で early childhood <u>education and care</u>（ECEC）と表記することが OECD などの世界的機関では主流となっているが，日本では，early childhood <u>care and education</u>（ECCE）と言い換え・捉えなおしをすることも多い．とくに保育現場では，まず care：ケアがあって，その先に education：エデュケーションが成り立つという日本特有の保育（care and education）の捉え方を大切に考え，このことにこだわって保育の実践に携わっておられる保育者も多い．ケア，つまりひとがひとの世話をするということは「関わりの本質」であり，「と

もに生きる」の根本である．それゆえ，この本質や根本に触れることで，ケアされるひとが育っていくという保育の在り方・乳幼児期の教育の考え方を大切にしたい．そしてケアする者がケアするなかで，ひととしてさらに育てられてゆく，まさに教育＝共育（ともに育つ）たることをあらためて考えていきたい（第1章参照）．とくに日本の幼児教育・幼稚園において「保育」という言葉が長年にわたって大切にされたのはこのような精神によるものである．元来は幼稚園での教育を示していたこの保育という言葉の使用に関して，現在，保育園が care，幼稚園は education のウェイトが高いと考えられ，保育園が保育，幼稚園が幼児教育という，解釈のずれが生じていることからもこのことをあえて加筆しておく．

6.2　ともに生きること

6.2.1　子どもにとっての「ともに」とは

　生後間もない乳児は，多くの場合，母親の育児（現代では父親が育児に積極的な場合も多くなった）を通じて，徐々に自らほほえみかけ，泣いて自分を表すようになる．母・父もこれに精一杯応じてゆく．こうして一心同体であった乳児・母・父が，「ともに」かけがえのないに存在になってゆく．母・父はその子にとって人生で最初の「ともに」の存在であり心の基地になってゆく．やがて家族・親族ともこの「ともに」を結び，近所のひとや子どもたち，あるいは保育園の保育士・園児と出会い，「ともに」の輪が広がってゆく．

　こうした広がりの根底は，何よりも安定した心の基地である．そしてこの心の基地をよりどころとして，幼児期を迎えた子どもは，やがて「○○ちゃんのこと大好き」「一緒に遊ぼう！」と子ども独自の感性で自分の「ともに」を探し，結び始める．だからこそ，園での「ともに」においては，おとなの介入に極力影響されないような「僕たち・私たち」を結ぶことができるように，保育者は見守り，子どもの生活や遊びを支援することが大切である．そのためには多様な仲間に出会い，そのなかで「大好きな友だちができるように」「年上・年下の子どもと出会いますように」「さまざまなひととの関わりを大切に思えるように」との願いをもって保育を計画することが求められている（コラム6-2参照）．

6.2.2　ともに生きる保育者

　「園で過ごす」，一人一人の子どもが「安心して」，この園に「いる」ことをまずは大切にする．この園に「いる」ことの安心感を培うのは保育者の大きな使命

である．保護者から離れて不安なのは，なにも乳児だけではない．幼児でも，そして5歳児でさえ，クラスや担任が替わったり，家庭の状況が変化することで不安になる．だからこそ子どもがこの園・クラス・担任保育者と「いる」ことに安心感を抱くことができるようになったことを感じられたとき，保育者には心の底から滲み出てくるような喜びとともに，この子たちと「ともに生きる」新たな覚悟，そして新たな意志が生まれてくる．そして保育者は子どもたち一人一人と信頼関係を築くことに努めるが，信頼関係はポジティブなことの積み重ねだけではなく，子どもの世界にも面白く愉快なこともあれば，できれば避けて通りたいような事件・出来事もあり，それを子どもたちや保護者，同僚とともに笑いながら，泣きながら，苦心しながらさまざまな出来事を一緒に乗り越えてゆくなかで信頼関係がさらに深まってゆく．子どもにとって保育者は「ともに生き・ともに育つ」，かけがえのない存在なのである．

6.3　人生を切り拓くために

ここで，幼児教育施設の創始者フレーベル（F. Fröbel）（1982）『人間の教育』「第二編 幼児期の人間（29）～（30）」に記されている名言を紹介しよう．

「しっかりと，自発的に，黙々と，忍耐づよく，身体がつかれるまで根気づよく遊ぶ子どもは，きっと，また有能な，黙々として忍耐づよい，他人の幸福と自分の幸福のために献身する人間になることであろう．この時代の幼児の生活のもっとも美しい姿というのは，遊んでいる子どものことではなかろうか．」（下線部筆者）

6.2で述べたように，乳幼児は母・父との養護的関係を基盤に，幼児期には友だちや保育者とともに，「しっかりと，自発的に，黙々と，忍耐づよく，身体がつかれるまで根気づよく遊ぶ」．この「ともに」遊ぶ体験を通じて得た学びが，「きっと，有能な，黙々として忍耐づよい，他人の幸福と自分の幸福のために献身する人間になる」ための基盤になるといえる．だからこそフレーベルは，「この時代の幼児の生活のもっとも美しい姿というのは，遊んでいる子どものことではなかろうか」と述べるのである．なぜ遊んでいる子どもが美しいのか．遊びは，子どもの内面的なものの主体的な表現，内面的なものそのものの表現に他ならず，人間のもっとも純粋な精神的産物だからである．だからこそ遊んでいる子どもを見ているおとなたちも，喜び・自由・満足・安堵を感じると同時に，おとなたち自身のそれまでの経験とも結びつき，共感をもたらす．この「幼児の生活のもっとも

美しい姿」に日常的に「ともに」いることができる保育者は，幸せであると感じる．

このフレーベルの精神は脈々と引き継がれ，幼稚園教育要領・保育所保育指針，幼保連携認定こども園教育・保育要領（以下，「3法令」）の根底に生きている．何よりも，2017年に改訂されたこれらの要領・指針が新たに打ち出した「非認知能力」は，まさにフレーベルの示した「しっかりと，自発的に，黙々と，忍耐づよく，身体がつかれるまで根気づよく遊ぶ」能力であるといえる（第2章参照）．

さらに大切なのは，筆者が下線を加筆したフレーベルの「きっと～であろう」という一文が示す精神性である．保育・教育はこのように，「ともに」を生きるひとの祈りのような願い・心持ちによってなされるのであって，「○○したら，必ず～になる」といった化学反応とは違う．祈り・願いによって子どもの育ちが支えられ，他者とともに生き，人生を切り拓く力が養われてゆくのである．

6.4 子どもの喜びの世界にともにいる

6.4.1 気づき・驚き（畏敬）

子どもたちは，自由感に満たされている場において，自分の思いで動き，心を動かし，さまざまなもの・環境に出会う．そこで気づいたことや驚いたこと，そこにある楽しさをほかの子どもや身近なおとなと共有しようとする．子どもが1人で何かに出会い，それに夢中になって黙々と過ごすこともある．しかしこれは決して「孤独」なのではなく，「ともに」がしっかりとその子どものなかに息づいた情緒の安定した状態の表れで，その子にとっての喜びの世界でもあるので大切にしたい（コラム6-1参照）．

目に映ったもの，出会ったもの，手に取ったものの特性に気づき，驚き，そこにある喜びを分かち合う．そうして共感し合いながら遊びを進めるなかで，子どもたちのなかに「もっと面白くしたい」「もっと楽しくしたい」「もっと（美的に）キレイにしたい」「もっと大きくしたい」の思いが生まれ，5歳児前後になると「もっと難しく，もっと複雑にしたい」など，「もっと，もっと」という願望が湧き起こってくる．まさに子どもの喜びの世界である．この「もっと，もっと」という姿勢が「学びに向かう力」であり，この力の基礎は幼児期の遊びによって養われる（第2章参照）．友だちと「ともに」，この「もっと」を探究するなかで，失敗したりうまくいかなかったりすることも起きるが，励まし合う・ア

イデアを出し合うなかで，安心して試行錯誤そのものを味わい，うまくいくことをめざして取り組んでいくことを楽しむ，これも子どもの喜びの世界である（コラム9-1参照）．

6.4.2　共感と秩序感，協同性

　子どもたちはともに遊びながらさまざまなことを経験し学ぶなかで，もっと楽しくするために「自分たちの遊びに必要なこと」に目を向けるようになる．この「必要なこと」とは，みんなで共有でき，みんなが共感できる遊びの方法やルール，新しいアイデア，そしてみんなが安全にケガしないような方法・道具・場所・手助けなどを見つけ出したり考え出したりすることである（コラム6-2参照）．これを秩序感の芽生えという．2017年の保育所保育指針，幼稚園教育要領，幼保連携型認定こども園教育・保育要領の領域「人間関係」では「集団の生活を通して，幼児が人とのかかわりを深め，規範意識の芽生えが培われる」と示されている．ただしあくまで「自分たちの遊びに必要なこと」を探究していく先に，子どもたちが主体的にみつけ出していくものであり，保育者が前もって「○○なときには□□しましょう」と方法やルールを与えるものではない．

　この秩序感の芽生えを受けて子どもたちは，日常のなかで感じている友だち一人一人のよさ（長所）を再認識し，再確認し，遊びのなかに取り入れてゆく．「A君は〜が得意だから，○○役」「B子がリーダーしてくれるとなんだかいつも楽しいから，お母さん役して」などと，互いに互いのよさを認め，それぞれのよさを役割として持ち寄って，それを遊びや活動のなかでいかしてゆくようになる．

　子どもたちの間でこうした共感や秩序感を育むためには，保育者が日常的に一人一人を肯定的に受け止める姿勢が大切であり，それが子ども同士の認め合いにつながり，協同的な遊びへと発展してゆく（コラム1-1参照）．

6.5　子どもの悲しみの世界をともに生きる

　子どもはいつも明るく元気で，ほのぼのとした世界を生きているわけではない．怖い体験をしたり，いざこざを経験したり，失敗して悔しい気持ちになったり，その子ども一人では到底立ち直ることが難しいような悲しみの世界も生きている．だからこそこの悲しみの世界を「ともに」潜り抜けてくれるおとな，友だちの存在が必要なのである（コラム4-1参照）．

　筆者がキリスト教保育を行う園で幼稚園教諭をしていたときの年長5歳児の実

例を紹介する．この実例に登場するタケルは3月生まれの少し幼さの残る意地っ
張りの男児，エミは4月生まれの少しおせっかいだが心の優しい女児．このエミ
はタケルに対して，いつもお姉さんのような口調で注意をしたり，アドバイスし
ようとするので，まだ口下手なタケルにとっては気に食わない思いをすることが
多く，エミに手をあげたり，噛みついたりすることも多く，タケル・エミ・そし
て筆者，三者の葛藤の日々が続く．

事例6–1　悲しみに寄り添う子どもたち

　年長6月下旬，お弁当の時間になり，タケルは自分の好きな席に着こう
と焦って，お弁当を床に落としてしまう．中身が全部床の上にばらばらと落
ちてしまう．その様子をみて，エミはくすっと笑う．

　タケルは自分が落としてしまった状況が受け止められず，泣いて担任の私
に八つ当たりをする．私がそれをなだめながら，お弁当を拾おうとしている
と，普段からタケルと仲のよいタダシが，心配して飛んできて，タケルに
向かって「3秒ルールって知ってる？　3秒以内に拾ったら食べられるよ！
タケル，大丈夫だよ」と肩に手を添える．タケルの泣き声はますます大き
くなる．すると，エミがすっと椅子から立ち上がり，自分のお弁当箱の蓋を
ひっくり返して手に持って，少し首をかしげて（多分，まよって），その後
すぐ覚悟を決めたような表情をしながら，自分のお弁当のなかのウィンナー
を2つ，その蓋の上に載せる．そしてクラスのみんなに，こう言った．「タ
ケちゃんに，お恵みを〜」，私が驚き，深い喜びに満たされていると，エミ
はもう一度繰り返して「タケちゃんに，お恵みを〜，自分の嫌いなものは入
れちゃダメ〜，自分の好きなものを入れてくださ〜い」と言いながら，座っ
ているクラスの仲間の間を歩く．

　するとみんなはエミの行為に誘われて，気持ちよく一品を差し出した．そ
れからエミは私の弁当箱の蓋も裏返して手に取ってから集めて回る．タケル
には食べられそうもないような量が集まる．そんなエミの言動を，タケルは
泣きながら目で追っている．

　「これでよし」と思ったエミは，タケルのところにきて「いつまでも泣い
てないで，みてよ〜，みんながいっぱいくれたよ．ねえ，食べよ！」とお母
さんのような口調でタケルを諭すと，その言葉にタケルはすっと泣き止み，
椅子に座る．さらにエミは，タケルに「残したら〜許さないからね〜」と言
う．この一言に，タケルが珍しく頷き，「わかった，食べる」と細々とした

6.5　子どもの悲しみの世界をともに生きる　　79

声で言う.

　食前のお祈りも，エミが自分がすると言い，「神様，タケルにとても悲し
いことが起きました．神様，このお弁当を食べて，タケルが元気になるよう
にしてください．このお祈りを〜」と，いつもの平和なお弁当の時間に戻
る．さらに驚いたのは，普段は食の細いタケルが，時間をかけて，みんなか
らの大量の捧げものをすべて平らげたことだった.

　この事例のように子どもたちの関係性のなかに潜む葛藤に日々に関わりながら
「この子たちをどう受け止めたらいいのか」「どのような環境を準備するといいの
か」と悩みながら，子どもたちとの生活を考えるのもまた保育者である．保育は
計画したこと以外に偶然に起こることが多いが，その偶然を恐れず，「ともに」
向き合って，試行錯誤しつつ生きることのなかに驚きや喜びがあり，子どもにも
保育者にも大きな学びがある.

　この事例で述べると，タケルの行動についつい口を出してしまうエミと，その
エミの口調についつい腹を立てて手をあげてしまうタケル．この両者の「ついつ
い」をどう受け止めて，どういう援助していけばいいのか，解消の糸口がつかめ
ない保育者にとっても葛藤の日々が続く．そのようななかで起きたのが，「タケ
ルが大切なお弁当を床にひっくり返す」という事件である.

　普段から蹴られたり叩かれたりするエミは，タケルに対して肯定的な感情をも
てずにいたが，保育者の仲立ちによってタケルに対する自分の言葉や態度も一因
であることが少しずつわかりかけていた．そうした日々のなかで，タケルがお弁
当をひっくり返してしまったとき，エミは一笑してしまう．ところが，そんな自
分を顧み，エミなりに思いなおし，タケルに寄り添うにはどうしたらよいかと考
え，「自分のお弁当箱の蓋を使って自分の好きなものを差し出して集めた」ので
ある．その結果，エミは自分のなかにあるわだかまりを捨て，タケルもエミの思
いやりを受け止めることができたといえる.

6.6 「わからない」を持ち続ける

　エビデンス・説明責任など，常に「わかる」ことが前提となった関係性が強く
求められる時代のなか，ひととひととの関係には理解できないことやわからない
ことが実に多いことに気づく．ましてや子どもの世界や保育にはわからないこと
が満ちている．むしろ人に関わる力，人に関わろうとする力は，わからないか

80　第6章　人と関わる力は，他者とともに生き，人生を切り拓くためにも必要です

ら「ともに」いる，わかりたいから「ともに」いることから始まるのではないだ
ろうか．津守（1987）は「子どもの行為を何か分からないけれども意味あるもの
として肯定的に受け止めることが，おとなにも子どもにも，状況を展開させる」
と述べている．わからないことをわかろうとしながら持ち続ける，これは保育者
にとってつらいことでもあるが，目の前の子ども（たち）が，これからの人生に
とって意味ある経験を重ねていることを信じ，それを肯定的に受け止めることに
よって，新たな状況が生まれてゆく．

　実際，子どもの行為について，それがどのような心持ちを示しているのかわか
らない，どうしてこういう状況になるのかわからないこともある．それでもわか
るときが来ることを信じて，応答的関係・対話的関係を紡いでいくことが大切で
ある．

6.7　育ちのときを待ち望みながら，ともにいる・支える

　子どもたちの育ちは多様で，一人一人違っているので，わからないことも多い
が，だからこそ保育は面白い．ハイハイをする赤ちゃんがつかまり立ちをして，
やがて歩行するようになる．この子はいつ歩けるようになるのかと，その日を心
待ちにしながら「ともに」いる．たとえ歩行訓練したとしても，おとなの思い通
りにその子が歩き始めるわけではない．その子に歩くという心とからだの準備が
十分に整ったときに，ふと歩き始めるのである．まさに喜びのときで，おとなに
はこのときを予測も決定もできない，その子の育ちのとき，瞬間である．

　これは何も乳児だけではなく，幼児にも，そして私たちおとなにも言えることで
ある．心とからだの準備が整うときは，各々に違いがあるが，子どもの育ちを願
いながら寄り添い，育ちのときに立ち会えることを楽しみに待つ心持ちが，保育
の心である．

　2017 年告示の 3 法令において，「幼児期の終わりまでに育ってほしい 10 の姿」
が新たに記された．そこに列挙された 10 の姿はどれも，この「ともに」という
人間関係を基盤にして育つ姿である．保育や子育ての場では常にそこに「願い」
がある．つまりこの 10 の姿は「育ってほしい」という願いであって，「育ててお
くべき」目標ではない．また子どもの育ちは，一人一人違うので，「幼児期の終
わりまで」という期限を切れるものでもない．それゆえ保育の実践においても，
この 10 の姿に向かって子どもを育てるというよりも，むしろ「あるがまま」，子
どもの実態を捉えながら，その子のよさや個性に目を注ぎ，これらを伸ばすこと

に注力する．10の姿に切り分けて数えられない全人格的な育ち，10などに収まりきらない豊かな育ちを見出しながら「ともに」を実践していくことが大切である．

引用文献
フレーベル：人間の教育（上），71，荒井武訳，岩波書店，1982
津守真：子どもの世界をどう見るか，134，141，NHK出版，1987

コラム 6-1

応答的な関わりにもとづく
一人一人をいかした集団の形成
―みんなが主人公であり，育ち合う仲間です―

大庭亜由美

　松が丘保育園は，神奈川県茅ヶ崎市にある認可保育所です．自由保育を基本とし，子どもたちが主体的に物事や遊びに取り組めるよう保育を行っています．

子どもの思いを保育のなかで満たす

　ある日，泣いて登園してきた 2 歳児クラスの T くん．しばらくは話ができる状態ではなかったので，落ち着くまで廊下やテラスで気分転換を図り，少しずつ涙が止まり，話ができる状態になったところで，泣きながら登園してきた理由を聞いてみました．すると T くんは「江ノ電に乗りたかったんだ」とぽつりと言いました．もっと詳しく彼の思いを聴きたいと思い，どうして・いつ・誰と乗りたいのかなどを質問しました．話を聴いていくなかで彼は段々と笑顔になり，こうしてみたい，ああしてみたいと夢を膨らませていました．そこで「彼の思いを保育のなかで満たせないだろうか」と考え，段ボールで江ノ電をつくり，一緒に乗ることを目標にしました．

　彼にとって初めて大きなものをつくる作業は新鮮なようで，目が輝いていました．江ノ電の写真を印刷し，具体的にどう作り上げていくかを相談しながら決めていきました．「窓は画用紙を貼るのではなく実際に切り取りたい」「本体は画用紙を貼りつけたい，走らせるための線路もつくりたい」…その 1 つ 1 つの思いに丁寧に応えながら，一緒に段ボールカッターを使って窓をくりぬいたり，画用紙を選んで両面テープで貼りつけたりしました．線路は，段ボールをガムテープで貼り合わせて長くしたいというのが彼の思いでした．そこでガムテープに少しだけ切れ目を入れて渡すと，自分で切って貼ることができ，次々とつなげていくことができました．また保育者が貼りながらその長さに合わせて切る姿を見て，「その切り方をやってみたい」というので，「難しいのではないかな…」と思いつつ，やり方を伝えると，しだいにコツをつかみ，その日のうちに習得しました．子どもの可能性をおとなが決めてはいけないということを再認識しました．

仲間との関わりへの広がり

　T くんの姿に気づいた子たちが集まってきて，しだいに電車づくりブームが起き，

83

子どもたちは自分の段ボール電車をつくるようになっていきました．ガムテープが自分で切れるTくんはみんなからの憧れの的です．みんなに切り方を教えていました．そしてTくんのおかげで，ガムテープが自分で切れるようになった子どもが次々と別の子に教える様子もみられました．つくる電車も個性豊かでした．江ノ電そっくりに仕上げようとするTくんをはじめ，窓も画用紙でつくる子ども，絵の具を使い始める子ども，東海道線の色にしたいと江ノ電カラーとは違う色でつくる子などさまざまです．はじめは江ノ電だけでしたが，しだいに自分だけのオリジナル電車が増えました．つくり方にもこだわりがあり，互いに刺激を受けながらそれぞれの思いをもとにつくっていました．

一人一人の思いを応答的に受け止めることの大切さ

遊びが盛り上がってきたため，保育者がTくんに実際に江ノ電に乗りに行くことを提案してみました．Tくんは自分の思いが現実になることをとても喜んでいました．そこで朝の集まりでTくんからクラスの子どもたちに江ノ電に乗りたいことを伝え，一緒に行かないかを提案してもらうと，クラスの子どもたちからは「行く！」と返事がありました．しかし江ノ電に乗るには歩いて40分ほどかかる最寄り駅まで行かなければなりません．そこで子どもたちと散歩で最寄り駅まで歩いてみると，ある男の子が「僕，やっぱり江ノ電に乗りに行くのやめる」と言うので，理由を尋ねると，「駅まで歩いてみたけど疲れてしまうから僕はやめておく」とのことでした．保育者はその子の思いを尊重し，ここまでがんばったこと，自分で決めることができたことを大いに認め，気持ちを受け止めました．ほかにもクラスには江ノ電に興味がない子も数名いました．乳幼児期は，興味をもったものから学ぶことが多いと感じています．江ノ電に乗ったときも，電車の床が車両によって異なることに気づき，車掌さんに聞きに行く子もおり，図鑑だけでは気づけないことを学ぶ機会になりました．いつもみんなが行くのが当たり前，いつもみんなで同じことをするのが当然ではなく，保育者が子ども一人一人の思いを丁寧に受け止め，応答的に関わることで，それぞれの子どもが主人公となり，子どもたち同士の間でも互いを認め合い，育ち合える仲間集団が形成されていくと思います．

後日談ですが，子どもたちがつくった線路をクラスに設置し，さらに保育者が段ボールで改札をつくっておくと，「切符が必要だ！」とすぐに切符をつくり，電車ごっこが始まりました．そこにはTくんをはじめ，電車に乗りに行った子どもたちだけではなく，乗りに行っていない子どもたちも楽しむ姿がありました．

コラム 6-2

多様な子どもとの出会いと
関わりのなかで自分らしく育つ
―みんなちがうからこそ，一緒に過ごすと楽しいね―

石川かおる

　愛星幼稚園は，100年以上前に米国宣教使婦人が設立した，都内にあるキリスト教会附属の園です．外国籍の子ども，障害をもつ子どもも含め，個性豊かな子どもたちが在園しています．入園後，子どもたちは，多様な子どもがいることを知り，関わり合いながらともに育っていきます．事例を紹介します．

母国語の異なる園児との関わり

　ノイが片付けの時間になっても園庭にある山小屋で遊び続けていると，年長児のりん，アリス，はやとが片付けの時間であることを伝え始めます．

りん　：ノイくん，お片付けの時間だよ．ノイくん，お・か・た・づ・け．

ノイ　：（ニコニコ笑っているが，りんの言葉は理解していない様子）

アリス：私が話してみる．収拾．（訳：お片付けだよ．）

はやと：じゃ，僕ね．Clean up. Can you going the classroom?（訳：お片付け
　　　　だよ．お部屋に入りましょう．）

ノイ　：（日本語・中国語・英語のいずれにも理解を示さず，遊び続ける）

りん　：(4人の様子を見ていた保育者に) 先生，ノイくんは何語なの？

保育者：うーん，何語だろうね？　パパとは，中国語でお話してたけど…年少
　　　　さんだから，もう少し（理解できるまで）待っててあげてくれる？

　その後，はやととアリスがノイと手をつなぎ，りんが背中を押して，年少組の保育室までノイを連れていく．

　ノイは，クラスで一番月齢が低く，母国語が異なるため，保育者や他児と言葉でコミュニケーションをとることが難しい状況でした．保育者は，ノイに身振りや手振り，簡単な行動カードを用いて伝えようと努めていましたが，なかなかうまくいかず，関わり方を模索していました．一方ノイ自身は，毎日張り切って幼稚園に登園し，園生活を満喫していました．人懐っこく，誰に対しても愛嬌よく積極的に関わる姿に，保育者も子どもたちも，ノイを受け入れて関わり，さまざまなコミュニケーション方法を試みるようになっていきました．

障害のある友だちとの関わり

　キリは，年長組女児，障害があり，自力歩行ができず，言葉も話せません．
園生活では，常に保育者が付き添い，援助していました．

　毎年，年長組は運動会でリレーを行います．2学期になると子どもたちは，
遊びの時間にリレー遊びを始め，クラスの活動でも毎日グループや走順を変え
ながらリレーの練習を始めます．クラスでのリレー練習後，子どもたちからキリ
について質問があがりました．

ルイ　　：先生，キリちゃんは運動会のときリレーするの？

保育者：えっ？　するけど，なんで？

ルイ　　：だって一人で走れないし，先生が抱っこして走ると，（子どもより）
　　　　　速くなっちゃうでしょう．

保育者：（いままで練習では保育者がキリを抱いて全速力で走っていたので）
　　　　　確かに…じゃあどうしよう？

タツヤ：ベビーカーで走るのはどう？

ルイ　　：先生が（押して）走ったら速くない？

れみ　　：三輪車に乗せて走ったら？

ルイ　　：（園庭の）道がでこぼこしているから，危なくない？

あおい：ゴールの紐を持つ係は？

ダン　　：それは走らないってこと？

保育者：先生は，（年長組の）みんなで走りたいけど，みんなはどう思う？

　このやりとりの後，クラス全員で，キリのリレー参加について話し合いましたが，その時点では決まらず，子どもたちが考えた案をリレー練習で試してみることにしました．その結果，キリは，他児の走る5分の1の距離を保育者に支えられながら走る（歩く）という案に決まりました．運動会当日は，前日までの練習の成果もあり，キリは短い距離でしたが，保育者と一緒に走ることができました．一緒に走った子どもたちも，走り終えたキリを抱きしめ，タッチして，キリの走りを喜ぶことができました．

　幼稚園には，多様な特徴をもつ子どもたちが在籍しており，関わり方を模索しながら保育を行っています．子どもたちは，保育者が試行錯誤しながら関わる姿をよくみています．また子どもたち自身がお互いに関わることを通して，自分でできる方法で友だちを助け，支えるようになります．ここに個々の子どもの特徴を受け入れて，互いに育ち合う姿があると感じます．

第7章 さまざまな環境への好奇心や探究心は，学ぶ意欲を育てます

宮城利佳子

7.1 「環境を通して行う教育」とは何か

日本の保育・幼児教育の特徴の1つに，「環境を通して行う教育」がある．幼稚園教育要領，保育所保育指針，幼保連携型認定こども園教育・保育要領の総則においても「環境を通して行う」ことが記されている．すなわち，子どもたちが自ら関わりたくなる環境ややってみたくなるような環境を保育者が用意することで，子どもが主体的に環境に関わっていくようにという願いが込められている．

幼児はおとなから一方的に何かを教えられる存在ではない．興味をもったものを見たり，触ったりと五感のすべてを使いながら対象を理解していく．だからこそ，保育者は，子どもの育ちに対する願いや保育のねらいを込めた環境を用意し，子ども自身がその環境に関わりながら，さまざまなことを学べるように保育計画を立てる必要がある．また環境を構成するのは保育者だけでなく，子どもも一緒に行うこともある．さらに，一度，環境を構成したら終わりではなく，子どもの姿や活動の様子を見取りながら，常に環境を再構成していく必要がある（第3章参照）．

このようにして，乳幼児期を通して興味をもつ対象が増えていくことにより，遊びがよりいっそう楽しくなっていく．こうした幼児期の経験が小学校以降において体系的に知識を学ぶ際に結びつき，学びたいという意欲へとつながっていく．

7.2 保育・幼児教育における環境とは何か

保育・幼児教育における環境とは，子どもを取り巻くすべてのものであり，保育者や仲間などの人的環境，植物などの自然環境，遊具や玩具などの物的環境，伝統や文化などの社会的環境も含まれる．こうした多様な環境に子どもたちが興味をもって関わり，じっくりと観察したり，遊びに取り入れたりすることで，子どもたちは多くのことに気づき，その名前や特徴を知っていく．豊かな環境は，

家庭ではできないさまざまな経験を，同年齢の子どもと一緒に経験することへとつながり，小学校以降の学びの基盤となっていく（第2章参照）.

7.2.1　人的環境との関わり

　子どもにとっての人的環境とは，子どもが関わるすべてのひとのことを指す．なかでも保育所や幼稚園といった就学前の保育・幼児教育機関においては，同年代の複数の子どもたちや保育者をはじめ，用務員や調理師など，多くのひとと出会う．なかでも人的環境である保育者への信頼を基盤にして，子どもたちは多様な環境に関わっていく（第4章，第7章参照）.

7.2.2　自然環境との関わり

　現代の子どもたちは，生活のなかで自然と関わる機会が減っている．とくに都会では子どもたちの身近な場所に自然が少なくなってきている．また，自然の豊かな地域であっても，子どもたちは家庭と園を自動車などで往復しており，日常的に自然に触れているわけではない．それゆえ保育所や幼稚園などにおいては，保育者は子どもたちが心身を通して自然環境との関わり方を身につけていけるように，さまざまな工夫をしている（コラム5-2，コラム7-1参照）.

（1）植物との関わり

　園では植物が栽培されていることが多い．植物栽培は，食べるため，観賞するため，遊びに使用するため，子どもたちに触れてほしい虫を呼ぶためなど，さまざまな目的で行われている．これらの目的は1つに絞られるものではなく，植物の種をまき，世話をしながら育っていく様子をじっくりと観察し，ときには収穫物として食べたり，遊びに使用したりするなど，複数の用途で使われることもある．その際に重要なことは，子どもたちが見る，触る，匂いを嗅ぐ，食べるというように，五感を使って楽しむことに植物栽培をつなげることである．同じ種類の花や実でも，ひとつとして同じ色や形のものはない．このことに子どもたちが気づくために，どのような援助が必要だろうか.

① 栽培を楽しむ

　最初は，栽培活動自体を楽しむことを通して，さまざまなことに気づかせたい.

> **事例7-1　植物の世話**
>
> 　1歳児クラスのAさんは，保育者と一緒にじょうろで水をかけるのが大好きで，水をどんどん汲んできては，何度も水をかけている．保育者がAさ

んに「気持ちよさそうだね，ありがとうっていってるよ」「あら，もっとか
けるの，もうおなかいっぱいかな」と言葉をかけると，Aさんは「おなかい
たーい」と泣く真似をして水をかけるのをやめる．

　この事例7-1のように，子どもが植物に水をあげることを楽しみ，何度も繰り
返す姿はよくみられる．その際に，子どもが楽しいと感じていることを受け止め
つつ，水をかけすぎないための言葉がけや工夫が必要である．同様に，栽培活動
において，子どもたちは，まいた種が芽を出したり，育てていた植物の花が咲い
たり，実ができたなどの変化があると，その発見を喜び，保育者に伝えることが
多い．こうした子どもの喜びや発見を分かち合うとともに，子どもが気づかない
ときには，保育者が子どもの気づきを促すための環境構成を考えたり，言葉をか
けたりすることも必要である．また，食べられる植物の栽培は食育へもつながる
（コラム5-2参照）．育てることで苦手だった野菜に愛着をもつようになり，「僕
のキュウリだからおいしい」「上手に育てたから苦くない」などと言いながら，
子どもたちが食べ始める姿も園ではよくみられる．

② 植物で遊ぶ

　植物は，ちぎっておままごとに使ったり，つぶして色水遊びをしたり，アート
の材料にしたりと，さまざまな形で遊びに用いることができる（コラム7-1参
照）．植物は，同じ形のものはなく，季節による変化も楽しむことができ，子ど
もの想像力を育むことにもつながる．そのため保育者は，子どもの姿を思い浮か
べながら，植物で遊ぶことのできる環境を用意していく．具体的には，おままご
とが行われる場所の近くに植物を用意したり，花びらを使った色水遊びに使える
花や容器などを用意したりする．そして，やり方を指示するのではなく，子ども
たち自身が遊び始めることができるように，物の配置を工夫し，興味をひくよう
な言葉がけを行う．

　たとえば色水遊びにおいて，色の変化に気づくように言葉をかけたり，遊びに
使える道具や素材を工夫したりする．またごっこ遊びへの発展，氷遊びや石鹸
遊びとの融合など，さまざまな展開を考えていく．さらにきれいに咲いている花
と，しぼんでいる花など，どのような花を，どのくらいの量を使ったほうがいい
のかなどにも，子どもたちが気づくように遊びを通して援助する．

③ 発見を楽しむ

　園内に子どもに興味をもってほしいものを展示する場所をつくったり，1人の子
どもの発見をクラス全体が集まるときに伝え合ったりする活動をしている園もあ

図 7.1　バナナの花をみつける（那覇市公立幼稚園で保育者が撮影）

る（図7.1）．子どもが発見したものを紙に貼り，子どもと一緒にドキュメンテーションや図鑑をつくる活動をしている園もある（コラム 7-2 参照）．伝える相手がいることで，子どもたちは，自分で発見することをますます楽しむようになる．

また，お散歩の際に発見したものを入れるそれぞれの小さな容器をもっていく場合もある．園に持ち帰った後，発見したものを調べられるような図鑑の用意をしておくと，子どもたちは発見したものをきっかけに知識を広げていく．

④ 園での植物栽培から子どもが得る知識

幼稚園教育要領（文部科学省，2017）において，植物との関わりは「幼児期の終わりまでに育ってほしい姿」のなかで，「自然との関わり・生命尊重」として，「身近な動植物に心を動かされる中で，生命の不思議さや尊さに気付き，身近な動植物への接し方を考え，命あるものとしていたわり，大切にする気持ちをもって関わるようになる．」と記述されている．「豊かな心情」や「探究心」が植物との関わりの意義として示されており，知識についての記載はない．

しかし，子どもたちは小学校で学習する以前に「素朴生物学」を身につけている．たとえば，4歳児は植物も動物同様，時間を経るにつれ成長することを認識しており，5歳児は，植物が死ぬという点で植物を無生物と区別している（Inagaki and Hatano, 1996）．そして，幼児は擬人化を用いることで，生物学的な推論をすることができ，もっともらしい予測を生み出すことができる（稲垣・波多野，2005）．

園での栽培経験は子どもたちの知識獲得にもつながっている．外山（2009）によると，日常の植物栽培経験のなかで栽培手続き（たとえば，水やりや草むしりなど）を覚え，その意味を理解していくことを明らかにし，栽培活動が頻繁な園のほうが多くの栽培手続きを認識し，過去の栽培経験に基づいて栽培手続きの意

図 7.2 捕まえた（那覇市公立幼稚園で保育者が撮影）

味を理解していくことを明らかにしている．無藤（2009）は，このような乳幼児期に身につけた知識がその後の知識獲得の基本となり，核となるものであるとしている．たとえば理科の授業で提供される情報も，こうした乳幼児期をはじめとしてすでに身につけてきた知識群に取り込まれ，つながりをもつことで理解されていく．

(2) 虫や小動物との関わり

子どもたちは，虫や小動物とも出会う（図7.2）．ウサギやザリガニ，魚などを飼育している園も多くある．虫や小動物からは，生命の尊さを学ぶこともできる（コラム 7-1 参照）．

① 捕まえることを楽しむ

園で子どもたちは，さまざまな虫や小動物を捕まえる．そのために保育者は子どもたちがさまざまな虫や小動物に出会えるような環境を用意する．ただ草が生えていれば虫が来るわけではなく，虫を呼び込むためには食草を意識する必要がある．

虫を捕まえる道具をどのように用意するのかには，保育者の願いが関係する．最初から虫取り網を用意しておく園もあれば，子どもたち自身に「虫取り網の必要性に気づいてほしい」「虫取り網をつくる工夫をしてほしい」との願いから，あえて用意しない場合もある．そうすると，子どもたちは，まずは手，帽子，自作の網とよりよい方法を探っていく．そして虫を捕まえながら，季節や時間によって出会う虫が異なることにも気づいていく．

② 世話を楽しむ

捕まえた虫の飼育も園でよく行われる活動である．名前をつけたり，餌を用意したりと子どもたちは虫との触れ合いを楽しむ．そこから発展して，虫の動きをからだで表現したり，廃材で虫の製作をしたりする様子もみられる．

図 7.3 幼虫の観察（那覇市公立幼稚園で保育者が撮影）

　しかし，子どもの扱い方によっては虫が弱ってしまったり，死んでしまったりすることもある．逃がしてあげようという子と逃がしたくない子で意見が対立することもある．死んでしまった虫をそのままにしてしまうこともある．子どもたちは可愛いがっているつもりでも，虫にとってはどのような影響があるのかについて気づき，いのちの重さと尊さに気づく機会となるように，保育者は援助・指導することが求められる．

③ 観察を楽しむ

　虫や小動物の観察を楽しむこともある（図 7.3）．たとえばアリの行列やクモが巣をつくる様子を観察する姿もよくみられる．クモの巣に水滴がついてきらきら光る様子，クモが落ちそうで落ちない様子，虫や鳥の鳴き声など，子どもたちはさまざまなことに気づいていく．

(3) 土と砂

　子どもが 1 人あるいは仲間と一緒に協力し合いながら，土遊びや砂遊びができるのも園ならではの経験である（第 2 章参照）．園によっては，ゆったりとおままごとなどができる砂場とダムなどをつくってダイナミックに遊ぶ砂場の両方を用意しているところもある．年齢ごとに砂場を別の場所に用意する園もある．おままごとをよく行う場所の近くには，テーブルやフライパン，ダイナミックに遊ぶ場所の近くには，樋や大きなシャベルなど，それぞれの場所に必要な道具を準備していく．こうした遊びを通して，子どもたちは，土と砂の性質の違いに気づいていく（事例 7-2）．

> **事例 7-2　「これでくっつかない」**
>
> 　砂場のそばに容器に入れた土を配置し，どろんこ遊びもできるような環境を用意すると，子どもたちは泥でさまざまな形をつくった後に，それを砂場

に入れていく．そして次に，土のついた手に砂をたくさんつけて水分を取り，「これでくっつかない」と言いながら，つくったものを砂の上に置いていく．その姿を見た保育者がつくったものを飾れる場所を砂場の近くに用意すると，子どもたちは自分のつくったものを置き始め，次の日にはつくったものの土が乾いていることに気づいた．

なかには，土や砂で遊んだ経験が少なく，はじめは触ることや汚れることに抵抗をもつ子どももいる．保育者は無理に触らせることはせずに，保育者自身が楽しく遊ぶモデルとなり，自然と土や砂と関わる遊びに加われるようにしていく．

（4）気象や季節

園生活のなかでは，直接，触って遊ぶことのできない自然にも，子どもたちは関わっている．たとえば，夏の暑さや冬の寒さを感じ，季節が変わることで太陽の位置が異なることや影踏み遊びを通して，時間や季節によって影の長さに違いがあることを知る．風の強い時期には，風を利用した遊びを取り入れる．植物では，葉の色の変化や落ち葉の様子を実際に見ることができる．また梅雨の時期にはカタツムリをみつけ，雨の音を楽しむ．夏は，色水遊びや船づくりなどの水を使用する遊びを楽しむ．そのため保育者は，子どもたちが天気や気温，季節とそれに伴う変化に気づき，楽しめる工夫をしたい．

7.2.3　社会環境のなかで育つ

子どもを取り巻く社会環境は，常に変化していく（コラム4-2参照）．とくに現在は，子どもだけで，地域のなかで遊んだり移動したりする機会は減少してきている．そのため子どもたちとともに，さまざまな社会施設を訪れることは，公共の場でのふるまい方を考える機会にもなる．その際，保育者が一方的にマナーを指示するのではなく，子どもたちと一緒に考えていくことが重要である．

（1）園行事や地域行事とのつながり

園の行事に地域のひとを招待したり，子どもたちと一緒に地域行事に参加したりすることは，園と地域がつながるきっかけにもなる（第3章参照）．園庭整備や畑での栽培活動などを地域のひとや保護者に助けてもらうこともよくある．お互いに顔を見る機会が増えていくことで，散歩の際に言葉をかけてもらうことが多くなる．普段からこうした関わりを積み重ねることで，地域のなかに園が位置づけられ，子どもの安全を確保していくことにもつながる．

また園の行事は，園生活に変化をもたらし，子どもたちの遊びにも影響する．

図 7.4 自分たちで行事の計画を立てる（与那原町公立幼稚園で筆者が撮影）

しかし行事を多く行えばいいというわけではない．幼稚園教育要領（文部科学省，2017）にも，「行事の指導に当たっては，幼稚園生活の自然の流れの中で生活に変化や潤いを与え，幼児が主体的に楽しく活動できるようにすること．なお，それぞれの行事についてはその教育的価値を十分検討し，適切なものを精選し，幼児の負担にならないようにすること」とある．それゆえ保育者が各行事についてよく検討し，準備を行うことが大切である．また発表会や運動会などの毎年行われている行事では，子どもたちで内容を話し合い，計画して楽しむこともできる（図7.4）．こうした子どもたちの思いを大事にしながら行事を計画する必要がある．

7.3　文字や数との出会い

　幼稚園教育要領（文部科学省，2017）の領域「環境」の内容には，「日常生活の中で簡単な標識や文字に関心を持つ」「日常生活の中で数量や図形などに関心をもつ」とある（第2章，第8章参照）．遊びのなかで自然と文字や数に親しめるためには，どのような工夫が必要だろうか？

(1) 文字との出会い

　子どもたちは生活のなかで文字を目にする機会が多くある．たとえば園内には，さまざまなところに子どもたちの名前が書かれている．字が読めない子どもでも，一緒についているマークなどを手がかりに自分の名前を探していく．子どもが興味をもつ掲示があることで，平仮名の読みを聞いてくる子もいる．また保育者と子どもが遊びの計画や振り返りをする際に，絵や写真に加えて，文字も使うことで，子どもたちは文字の便利さに気づく．

さらに文字をまだ書けなくても，文字のようなものをごっこ遊びに取り入れることもある．お手紙ごっこやお店屋さんごっこをする際に文字を使って楽しむ姿もみられる（コラム 8-2 参照）．保育者は，子どもが自分で書けるようになることのみをめざすのではなく，子どもたちのごっこ遊びがより深まるように援助し，書きたくなったときには書いてみることができるように子どもが使いやすい用具や五十音表などを見やすい位置に用意する．

（2）数量や図形との出会い

生活や遊びのなかでは，数量や図形との出会いも多くある．たとえば，ブランコに乗る順番を待つまでの間に数える，見つけたものや育てたものの数を数える，お店屋さんごっこで商品の値段を示す際に数字を用いるなどの姿がみられる（第2章参照）．

また，みつけたものやつくったもののどちらが大きいかを比べたり，量の比較をしたりする姿もみられる．こうした経験を通して，子どもたちは，さまざまなものが太さ，広さ，長さなど，さまざまな視点から捉えられることを学んでいく．

7.4　ICT の活用

子どもたちの生活にICTは浸透してきている．ICT端末を使って動画を見たり，ゲームで遊んだりする子どもも多い．こうしたなかで保育においては，子どもの遊びや気づきがより深まり，子ども同士がつながるために ICT が活用されている．たとえば，子どもたちが自分の経験を他者に伝えるために動画を撮って共有する姿がみられる．また，子どもたちからは見えない高いところや狭いところを撮影したり，小さなものを拡大して見たりするなど，経験を豊かにするために用いられている．

7.5　保幼小の連携・接続も視野に入れて

これまで，園で子どもたちが出会うさまざまな環境について考えてきた．子どもたちは豊かな環境のなかで，夢中になって遊ぶことで，さまざまな気づきを得ている．こうした環境に対する興味・関心と気づきを小学校教育へとつないでいく必要がある（第3章参照）．小学校の授業において，子どもたちに園での経験を聞き，それをさらに発展させる取り組みが行われている（事例 7-3）．

事例 7-3 「園でもやったことがあるよ」

育てたアサガオを使ってどんな遊びをするのかを考えるため，小学校の教師が「園ではどんな遊びをしたことがあるの？ 何をやってみたい？」と問いかける．子どもたちは，「押し花」「こすりだし」「色水遊び」とやったことがある遊びを口々に伝える．教師は，「じゃあ，やりたいものをやってみよう」と，それぞれ好きな遊びをしていいことを伝える．子どもたちは，必要なものを考えて，家から持参し，子ども同士でやり方を伝え合いながら，押し花を使ってバッジをつくったり，キーホルダーをつくったりしていく（図 7.5）．

図 7.5 育てたアサガオで遊ぶ
（南城市公立小学校で教師が撮影）

また保育においては，保育者が直接的に指示をしなくても，子どもたちが主体的に活動できるように視覚化や関連するものを手に取ることができるコーナーをつくるなどの工夫をしている．こうした工夫は，小学校教育でも取り入れることができるものである．園での工夫について，小学校や家庭へと発信していくことが求められている（コラム 1-2 参照）．

付記

本章の写真はすべて，撮影者が掲載の許可を得ている．事例はすべて，筆者が園を訪問した際に取得した．また訪問の際に，研修や執筆する際に事例を紹介する許可を得ている．

引用文献

Inagaki, K. and Hatano, G.：Young children's recognition of commonalities between animals and plants. *Child Development*, **67**, 2823-2840，1996

稲垣佳世子・波多野誼余夫著・監訳：子どもの概念発達と変化 素朴生物学をめぐって，50-79，共立出版，2005

文部科学省：幼稚園教育要領＜平成 29 年告示＞，2017

無藤隆：理科大好き！ の子どもを育てる—心理学・脳科学者からの提言，1-2，北大路書房，2009

外山紀子：作物栽培の実践と植物に関する幼児の生物学的理解．教育心理学研究，**57**(4)，491-450，2009

コラム 7-1

生命の尊さと自然の美しさに気づく
―動物も自然もともに生きる大切な存在です―

田村　秀子

　文京区立第一幼稚園は，幼児教育の場を望んだ地域のひとびとの願いを受け，1887年に設置された園です．当時から知識人が多く住む閑静な住宅街にあり，土の園庭には，さまざまな樹木や草花が植えられています．一人一人が自分らしく輝き，みんなで楽しく育ち合う教育が137年を経たいまも受け継がれています．

カモのいる生活から別れまで

　本園の園庭には池があり，地域の方からいただいたカモを大切に育てていました．毎朝，小屋から出て池で元気に泳ぐカモに，登園した子どもたちは挨拶をし，話しかけて，それから保育室に行きました．裏の道路からも池がよく見えるので，散歩に来る犬や近くの保育園の乳幼児にも愛されていました．飼い始めてから15年，2羽いたカモがメロンちゃん1羽になっても元気に生活していましたが，少しずつ弱ってきて，落ち葉の上に座ってじっと過ごすことが多くなりました．子どもたちが毎朝メロンちゃんの頭をそっとなでながら「メロンちゃん，元気になってね」「寒いの？　大丈夫」などと言葉をかけると，数週間後には少し元気になり，小屋のなかで餌を食べたり，池で泳いだりするようになりました．みんなの励ましが伝わるんだと感じました．

　ある日の朝，メロンちゃんは段ボール箱にからだを入れて動かなくなっていました．先生たちに伝え，きれいな箱に不織布を敷いて，そのなかにメロンちゃんを入れ，お別れができるようにしました．園児だけでなく，卒園児親子や近隣の方もメロンちゃんに親しみをもち，可愛がっていたので，「長い間可愛がっていただき，ありがとうございました」と手紙を掲示し，X（旧ツイッター）でも発信しました．園児や修了児からメロンちゃんへの感謝の気持ちや大好きだった気持ちがあふれる手紙がたくさん届きました．

そして子どもも職員も寂しい気持ちを乗り越え，コールダックのヒナを飼い始めました．名前を募集中に羽が黄色から真っ白に変わり，「『みるく』ちゃんにしよう！」ということになりました．特性を調べ，みんなで大切に育てています．

色づいた葉の美しさを感じて始まる遊び

庭の木々が赤や黄色に色づいた日，子どもたちが紅葉の美しさをみたり感じたりできるようにと思い，担任保育者と一緒に，木の近くに子どもたちが登れるような巧技台を置いたり，木製テーブルの位置を動かして自分たちで遊びの場をつくれるスペースをつくったりしておきました．また，朝にきれいな葉をみつけたので，木製テーブルの上にさりげなく置いておきました．

すると，身支度を済ませて園庭に出てきた年長児がその葉をみつけ，落ちていた山茶花の花びらなども組み合わせて，アクセサリーを作り始めました．そして空いたスペースにビールケースや板積み木を運び，できた作品を並べて，お店屋さんを始めました．後ろの机でじっくりとアクセサリーをつくったり，お客さんがみに来ると嬉しそうに対応したりして，楽しんでいました．

年中児は柿の木の近くの巧技台をみつけて登り，紅葉している葉に手を伸ばして「この葉っぱきれい」「ほら，触れた」「つるつるしてる」などと言っていました．木についている葉に顔を近づけたり，ゆっくり触ったりし，「匂いがするかな」「ちょっといい匂い」「とれるかな」「まだぴんぴんしてる」「落ちてるのはシワシワだよ」など，新しい動きや気づきが生まれていました．

なかには見つけた落ち葉を紙に貼り「ここは美術館にしようよ」と遊び始める子どもの姿もありました．保育者は子どもたちの作品をたくさん飾れるようにとロープをブドウ棚の支柱とエンジュの木に渡して，洗濯バサミで飾れる場をつくりました．子どもたちは次々と気に入った木の葉や木の枝を画用紙に貼り，「美術館」ができていきました．友だちの姿をみて，新たに参加する仲間も増えていき，秋の自然に触れ，一人一人が感じたことを表現していくスペースとなりました．

このように赤や黄色，オレンジに色づいた葉の美しさを感じ，触れているうちに，「使って遊びたい」という気持ちが生まれます．子どもたちの感性と保育者の感性が響き合い，すてきな遊びが始まります．自然物の美しい色や形から子どもたちは自分で選び，組み合わせて，自分のアートを創り出していきます．

コラム **7-2**

子どもの挑戦にとことんつきあう
―保育者も一緒の試行錯誤はわくわくするね―

我謝友貴美

　与那原町立阿知利保育所には，0〜5歳児までの元気いっぱい，好奇心旺盛の子どもたちが在籍しています．広い園庭からは町全体を見下ろすことができ，沖縄の美しい海を眺めることができます．

きりんぐみ！　アイス研究中！
　午後のおやつの時間，滅多に出ないアイスクリームに大興奮の子どもたち．ある子どもからの「もっと食べたいから，自分たちでアイスをつくってみたい」の一言に，保育者自身も「面白そう！　チャレンジしてみたいね！」とわくわくしながら子どの思いを受け止めます．子どもたちはおやつのアイスクリームを食べながら，「これは，牛乳の味がする」「アイスにはヨーグルトも入っていると思う」と，自分の思いや考え，気づいたことを伝え合い，保育者が子どもたちからの言葉をホワイトボードに書き留めていきました．
　大きな紙に「阿知利保育所の先生たちに食べてもらいたい」と書き，アイスづくりのための材料やつくり方，アイスをあげるひとを友だちと協力しながらまとめていきます．「自分たちのやりたいことを実現できるかもしれない」と感じた子どもたちの目が輝き，とても夢中になりました．

アイスづくりを楽しむなかで，グループの友だちと誰がどの材料を入れるのか相談して決めたり，材料の量を調整したりしながら取り組みましたが，思い通りにならないことがほとんどでした．自分たちのイメージした材料とつくり方では，不味くて食べられないアイスができあがり，子どもたちの表情も，とても不満そうでした．しかし子どもたちは，「絶対諦めない！ 無限点のアイスにするんだ！」とみんなで気持ちを一つにします．そして失敗を繰り返しながらも，友だちや保育者と「何が足りなかったのか」「どうしたら自分たちのイメージする甘くておいしいアイスの味に近づくのか」について，時間をかけてじっくり話し合い，改善を図っていきました．

保育者も子どもたちと一緒にわくわく！ 探究心をもって！

子どもたちはもちろん，保育者自身もアイスづくりに関する知識はゼロでした．だからこそ子どもたちと同じ目線に立ち，「おいしいアイスがつくりたい！」と共通の目標をもち，取り組むことができました．また子どもたちの興味や関心を広げ，目的をもって充実した活動が展開していけるように環境構成も工夫していきました．アイスに関する絵本や，アイスづくりのヒントになりそうなレシピ本，アイスづくりに必要な道具（スケール，計量カップ，泡だて器，お玉など）をアイスコーナーに置き，手に取ってみられるように整えました．子どもたちも，アイスコーナーに興味をもち，実際に触ったり，みたりしながら，「こんなふうにつくっていくとできるんだね」と保育者や友だちに伝え合い，それらを取り入れながらアイス研究を進めました．

友だちと自分たちのイメージにより近づけていくための方法を相談しながら取り組む姿，少しずつ甘くおいしくなっていく過程を喜び合う姿など，粘り強く楽しみながら意欲的に活動する子どもたちから，保育者自身も多くのことを学ぶことができました．今回のアイス研究では，保育者も子どもたちと一体となり，探究心をもち，子どもたちと同じ目線に立って活動したことで，子どもたちとともに達成感や満足感を十分に味わうことができました．

子どもたちの活動を見える化し，保護者の協力も得る

今回のアイス研究では，活動を振り返るツールとしてドキュメンテーションを活用しました．子どもたち一人一人が感じたことや気づいたことなどを絵や文字など，自分なりの表現方法で伝え合い，活動を振り返って共有し，次の目標（「○○を試して，チャレンジしてみたい」など）を立て，意欲的に活動に取り組むことができました．さらに保護者にも発信したことで，家庭内でもアイス研究が話題になり，子どもたちの園での活動により関心をもち，保護者も子どもたちの活動の協力者・応援者となってくれました．

第8章 心が通い合う喜びは，愛と信頼を育みます

久保寺節子

8.1 言葉の獲得の過程

　胎児はお母さんの胎内にいるときから外界の音を聴き，新生児は母親の声を聴き分けられるという．乳児の表情をおとなが読み取り，言葉をかけていく応答的な関わりのなかで，ことばが話せるようになる（第1章参照）．そして，幼児になると話す，読む，書くなどのコミュニケーションをとるようになる．そのような乳幼児の言葉の発達のなかで，話し言葉の発達をまとめたのが表8.1である．

　このような乳幼児のことばの発達を育むおとなとの応答的な関わり合いはどのようなものであろうか．

表8.1　話し言葉の発達（渡辺，2021から作成）

生後1か月〜	クーイング．「アー」「クークー」「ゴロゴロ」など喉の奥を鳴らすような音声を出す．
生後4,5か月頃〜	喃語．「バーバー」「ダーダー」のような言葉のように感じられる音声を出す．
1歳〜1歳半	初語が出る時期．文章にはならず，1語で伝えようとする．（一語文）「パパ」「ママ」「ワンワン」
1歳半〜2歳頃	ものに名称があることを認識し，ものの名前に興味を示す．急に語彙が増え始め，二語文を話すようになる．「パン食べる」
2歳〜2歳半頃	3語以上の多語文を話す．知っている単語を羅列する．動詞の語尾変化によって過去・現在・将来の区別もできてくる．「ワンワンあっちいた」
2歳半〜3歳頃	名詞と動詞を使い分け，また接続詞や助詞も使って，複雑な文を話せるようになる．おとなの使っている言葉を模倣したりもする．「パパ！　お外に行きますよ」
3歳頃〜4歳頃	話し言葉がひととおり完成する．おとなとも自由に話せるようになる．「保育園でユウカちゃんと遊んだよ」「何して遊んだの？」「えっとね．折り紙した」
4歳頃〜5歳頃	獲得した言葉で多弁になる．友だち同士で意思の伝達が自由にできるようになる．「ずっとユウカちゃんが使っていたんだから，次は私に貸して」
5歳頃〜6歳頃	相手に応じて話す内容を変えられるようになる．母親に「ママ，今日のごはんはハンバーグがいい」，赤ちゃんに向かって「よちよち，そうでしゅか〜」

8.1　言葉の獲得の過程　　*101*

8.2 能動的存在としての子ども

発達心理学者ヴァスデヴィ・レディ（V. Reddy）（レディほか，2017）は，我が子を出産してから，いままで実験の対象としてみていたときにはわからなかった赤ちゃんの驚くべき姿を発見した．たとえば，生後わずか3か月の赤ちゃんが，母親の「抱っこするね」という身振りを伴った笑顔の呼びかけに応え，脚を伸ばし，かすかに頭を上げようとしたり，両手をあげ胸をそらせようとするなど，抱っこをされる準備（予期的調整）をして，きちんとコミュニケーションをとっていることである．つまり，赤ちゃんにひととして話しかけることで，赤ちゃんはおとなの意図を理解し，応答するのである．

佐伯（2019）はレディが発見したこととして，私たちがひとと「かかわる」際に，とくに重要なのは二人称的かかわりだとして，次のように紹介する．

　　二人称的かかわり（Second-Person Approach）

　　　対象を「ワタシ」と切り離さない．個人的関係にあるものとして親密にかかわる存在と見なす．対象と情動を含んだかかわりをもち，固有の名前をもつ対象，対象自身が「どのようにあろうとしているか」を聴き取ろうとする．

二人称的かかわりは，おとなが子どもとの関わりを振り返るときの視点になる．保育者として，「○ちゃんはいつもこうだから△△だ」と三人称的視点から子どもを捉えていることはないだろうか．保育者が情感も込めて関わり合う子どもの世界に入り込み，子どものようになってみて，二人称視点から捉えようとするとき，子どもの姿がみえてくる．子どもが関わる世界をともに観る二人称的かかわり合いは，子どもとおとなの信頼関係を育み，ひととひとがともに生きていくすべての基本となる（第1章，第6章参照）．

8.3 保育者が子どもをわかろうとすることから育まれる子どものことば

保育者は子どもの思いや願いをもっとわかるようになりたいと思いながらも，うまくかみ合わず，わからないことも多い．しかし，子どもの思いや願いをわかろうと気にかけていると，ふとしたことからつながり合う瞬間がある（コラム1-1，第6章参照）．

> **事例8-1 「ストップ！　はんたいま～わり」（3歳児5月）**
> 　4月に入園した3歳児は，登園すると，室内に設定されたままごと，積み

木遊び，プラレールなどのコーナーで遊び始めた．A児はいろいろな場所を眺めるが，どのコーナーにも一歩も足を踏み入れることはなかった．保育者はA児が興味をもちそうな遊びに誘ってみるが，A児は表情を変えずにいる．保育室内の遊びが一段落した頃，保育者が保育室にいた園児たちを園庭に誘うと，A児も靴を履き替え，園庭に出る．園庭には，トンネルをくぐったり，玉入れの玉を投げ入れたりするコーナーを回ってサーキット遊びができるように白線が引いてあった．保育者が子どもたちと一緒に白線に並んでサーキット遊びをしていると，A児が突然保育者の前で，両手を大きく広げてストップの動きをする．保育者が「ストップ！　はんたいま〜わり」と言って，くるっと反対向きになり，電車のように動きながら白線を進むと，A児は笑顔で保育者の先に走り込み，再び両手を大きく広げてストップのポーズをする．保育者は笑顔で「ストップ！　はんたいま〜わり」と言って，再びくるっと反対方向に向きを変え，電車のように白線を進む．A児と保育者の単純な動きのやりとりの面白さは，瞬く間に学級のほかの子どもたちにも広がり，A児は満面の笑顔で汗をかきながら，保育者やほかの子どもたちと一緒に「ストップ！　はんたいま〜わり」の遊びを何度も何度も繰り返す．

　保育室内で無表情だったA児が，園庭で笑顔いっぱいに走る姿はどのようにして生まれたのだろうか．それは，保育室でも保育者はA児が何を見てどのように感じているかを感じようとする二人称的関係がもととなっているからである．そのような関係のなかで，保育者は園庭でA児が両手を広げてストップさせる動きを瞬時に面白いと感じ，「ストップ！　はんたいま〜わり」というリズムのある言葉と動きを伴った遊びに変えていったのであろう．保育者が子どものちょっとしたからだの動きによる表現を感じとり，言葉とともに動きで応え，簡単な繰り返しのある遊びに展開したことから，A児はほかの子どもたちと一緒に，心から楽しい時間を過ごし，満足感を得られた．A児にとって，言葉にはならない思いを感じ，受け止めてくれる保育者がいるからこそ，心が通い合い，ほかの子どもたちを巻き込んだ遊びの楽しさが共有されたのである．ここに，保育者の専門性があり，A児と保育者との信頼関係が育まれ，A児のよさが学級の友だちにも広がったことが認められる．

　次の事例8-2は，A児が4歳児になったときのことである．A児が保育者との二人称的かかわり合いのなかで，自分の思いを表現する自信を得ていく．

事例 8-2 「ベロをけがしているから　かむ」（4歳児11月中旬）

　保育室には牛乳パックをつなげてつくったヘビが何匹も置いてあり，登園すると子どもたちはすぐに動物園コーナーに置いてあるヘビを動かして遊び始める．ヘビの檻にはヘビの一匹一匹に，名前と特徴，つくった子どもの名前が書いてある立札があった．A児はB児と一緒に自分たちでつくったヘビで遊び，ヘビの餌ができあがると，保育者に「できた」と小さい声で伝える．保育者は保育室のお店屋さん，動物園などの各コーナーの遊びが盛り上がっているので，「（保育室中央にある積み木を段ボールで囲った）エレベーターに乗ると，動物園やお店屋さんに行けますよ」と子どもたちに言葉をかけた．動物園でヘビの餌やり体験が始まってから，A児は近くにきた保育者にこっそりささやく．その声を聴いた保育者は「メガホンのこと？　トイレットペーパーの芯でどう？」とトイレットペーパーの芯でメガホンのようにして「ヘビの餌やり体験ができますよ」という案内が伝わりやすくした．このA児の考えはほかの子どもたちにも伝わり，トイレットペーパーの芯をメガホンのようにしてアナウンスする姿がみられた．また，エレベーターに乗ってから動物園に行く動きがほかの子どもたちにもわかるようにA児は「やじるしがあったほうがいい」とかすかな声で保育者に伝える．それを受けて，保育者は紙に「→」を書き，みんなが通るところに表示すると，ほかの子どもたちは「こっちだね」と紙に書かれた「→」を確認してからエレベーターのほうに向かう．このような遊びの後，学級のみんなが集まったときに，保育者は今日遊んで楽しかったことの紹介を兼ねて，学級のみんなでヘビの餌やり体験を提案した．A児とB児が一緒につくったヘビの看板には「なまえ　こー」「つくったひと　A児B児」「とくちょう　とにかくながい　べろをけがしています　くちをひらく」と書いてある．お客さんがヘビの名前を呼ぶと，飼育員係のA児は特徴ある口を大きく開けたり，長い尻尾をみせたりしていた．

　帰りの集まりの会で，保育者はB児に「これ飼育員さんの入れものなんだけど何を入れるの？」と尋ねるが，B児は黙っている．すると，A児はB児に顔を寄せ「エサ」とささやくように教え，B児が「エサ」と答える．その後，それぞれがつくったヘビの特徴を学級全員に説明するときに，A児はみんなの前に出て，「ベロをけがしているから　かむ」と大きな声で言い，満足そうに自分の席に戻った．

事例 8-2 では，A 児は自分の考えを保育者に伝えることで，ほかの子どもにも認められる経験をしていた．それは，保育者がクラス全体の動きを気にかけながらも，一人一人の思いを聴き，「いいことだね」と意味づけ実現させていこうとしていたからである．保育者と A 児との二人称的なかかわり合いが，A 児と B 児との関係にも広がり，クラス全体にも伝わっていた．クラス全体の集まりの最後に，A 児が「ベロをけがしているから　かむ」と大きな声で言ったことにも，3 歳児の姿しか知らなかった筆者は驚かされた．保育者も A 児が大きな声でみんなの前で発言する声を初めて聞き，感動したそうである．保育者が事例 8-1 のように A 児と 3 歳児のときから培ってきた二人称的かかわり合いのなかで，A 児の動きに現れた思いを聴き入れ，A 児のよさが伝わるように学級の遊びのなかで実現し，認めてきたからこそ A 児は学級全体のなかで自信をもって大きな声で発言できたといえる．また，保育者は子どもたち一人一人が二人称的にかかわるものの世界を表現できるように，それぞれのヘビの名前や特徴を書いた看板をつくり，ものとの物語が生まれるように援助していた．このように子どもの生きる世界が生き生きすることは，保育者が子どもの二人称的に関わるものの世界を尊重し，ともに観ようとすることから生まれる．遊びのなかで，子どもがものになってみて，ものの気持ちを言葉や動きで表現する関わりからものへの愛が生まれる．子どもがものに関わる世界を保育者が尊重し，ともに味わうことから，互いの信頼関係が育まれる（第 6 章参照）．

8.4　子どものことば（声）を聴く —ラーニング・ストーリー—

保育の質の向上には，子どもの取り組みのプロセスを丁寧に観ていくことが重要である．そのための 1 つの手法として写真を用いた保育記録のドキュメンテーション，ポートフォリオがある．森（2016）はドキュメンテーションについて「イタリアのレッジョ・エミリア市の乳幼児保育所や幼児学校では，子どもの可能性と有能性をより豊かにするために，子どもの姿をドキュメンテーションという，さまざまな方法で描き出す手法として，一人ひとりの子どもの様子や活動への取り組みのプロセスが，絵・ビデオ・写真・パネル・音として描き出される」と説明する．また，ポートフォリオについて「子どもの学びと育ちのプロセスをさまざまな手法で表し，蓄積し，見える化している」ものだとする．ニュージーランドでは，ポートフォリオのバインダーのなかに収めているものが「ラーニング・ストーリー（学びの物語）」だと紹介する．幼稚園教育要領（文部科学省，

2017a）のポイント（文部科学省，2017b）では，「日々の記録や，実践を写真や動画などに残し可視化したいわゆる『ドキュメンテーション』，ポートフォリオなどにより，幼児の評価の参考となる情報を日頃から蓄積するとともに，このような幼児の発達の状況を保護者と共有することを通じて，幼稚園等と家庭が一体となって幼児と関わる取組を進めていくことが大切」としている（第2章，コラム7-2参照）．

久保寺（2019）は，子どもを丁寧に観る保育をしたいという思いから，子どもの姿（写真）＋子どものことば（声）＋保護者のことば（声）＋保育者のことば（声）＋子どもの学びを一人一冊のファイルに綴じたラーニング・ストーリーに取り組んだ．これらは子ども・保護者が見られるように掲示した後は，ファイルに入れた．

事例8-3　当番って何でやるのかしら？（5歳児4月）

5歳児5月の参観日は，年長になって取り組む当番活動を見てもらうことになっていた．そこで，筆者は5歳児担任の新人保育者に「当番活動はなぜやるのかしら？」と尋ねた．新人保育者は「やらなくちゃいけないこともあるから」と答え，筆者が「そうだけど，それより，もっと，自分はこれが好きということから始めるのもいいんじゃないかしら．当番はグループを決めるやり方もあるけど，自分の好きな当番を増やすのもいいかもしれない．みんなのために平等にやらなくちゃいけないというのじゃなくて，まずは自分の好きな当番を増やすというスタンスでどうかしら？」と提案し，当番活動に取り組むことになった．そして，子ども一人一人が自分の好きな当番活動に取り組む様子を，子どもの写真＋子どものことば（声）＋保護者のことば（声）＋保育者のことば（声）＋子どもの学びとして掲載した（図8.1）．

図8.1　当番活動のラーニング・ストーリー

> **事例 8-4　当番活動をする子どものことば（声）を聴く（5 歳児 5 月）**
>
> 子ども：おやすみしらべがすき．せんせいのおへやにいくのは，どきどきするけれど，いえるとうれしいから．
>
> 保護者：どきどきする気持ちわかるよ！　それでもやるところがすごいよ．きっとほかのこともたくさんできるはず，がんばれ．
>
> 保育者：Jさんはいつも元気な声でおやすみの人数をいってくれるので，先生もよくわかるよ．最近は生き物のお世話にも挑戦しているね．一緒にがんばろう．

　保育者は当番活動に取り組む子どものことば（声）を聴き，友だちや保護者，保育者と共有した．このことは，子どもにとって自分の感じ方やありようを認められることになり，自信につながる．子どもの姿を学級の子どもたちや保護者，保育者同士で共有することで，それぞれのよさが認められていった．

> **事例 8-5　きょうはぼくひとりでやりたい（5 歳児 11 月）**
>
> 　当番のメンバーが1人になったときには，子どもたちで「ぼくがいこうか」「こっちがおわってからいくね」など言葉をかけ合って調整していた（図 8.2）．
>
> 　モルモットの当番がC児1人になったときに，いつも一緒にやるD児が「ぼくがいくね」と言ったら，C児は「きょうはぼくひとりでやりたい」と言い，1人でやり遂げて，笑顔をみせた．

図 8.2　当番活動を相談する

　子どもが好きな活動を選び，学級のみんなで取り組む当番活動だったからこそ，子どもたちは自分の思いをことばで表して調整し合い，C児の一人でも最後までやり遂げる姿も生まれたといえる．保育者が子どもを信頼し，任せることから，子どもが生き物を気遣い，学級の友だちと互いにことばを交わし合い，それぞれのやりたいことが尊重される学級の関係が生まれる．そして互いに心を通わせ合うなかで一人一人の思いや考えが尊重される学級集団となり，そのなかで子どもは挑戦し，自信をもつことができるのである．

事例8-6 「今日も同じでよかったね」（5歳児1月）

　11月になり，カメの冬眠について動物に詳しい外部講師に尋ねると都会ではカメは冬眠しないこともあるそうだが，甲羅があって外見からは病気になっているかどうかわかりにくいので，毎日，体重を量るとよいということだった．そこで，量（はかり）に印をつけ，基準より多いか少ないかで表すことにした（図8.3，図8.4）．子どもたちが親しんでいるお休み調べと同じ形式にして，飼育しているカメ（くるみちゃん）とモルモット（まろくん）の体重測定ができるコーナーをつくった．子どもたちは生き物の体重を量ることで，生き物に触る機会が増え，触って慈しむ様子や内面の健康状態に関心を寄せていた．

　1月になると，新人保育者はカメの体重測定グラフに変化がないので，子どもたちが体重測定に飽きてきているのではないかと気にしていた．そこで，子どもたちの当番活動の様子を丁寧にみると，カメの体重を量り終わった後に，K児が「くるみちゃん．今日も同じでよかったね」と言い，H児は「くるみちゃん．今日も同じでグラフまっすぐになるね」，W児も「まろくんクイズ．今日の体重はどうなるでしょう」と，体重が同じことに安心したり，体重のグラフの形を予想したりして，子ども同士で楽しんで会話している姿がみられた．

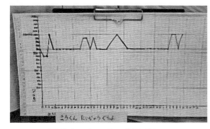

図8.3　まろくん体重グラフ

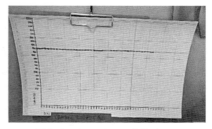

図8.4　くるみちゃん体重グラフ

　新人保育者が子どものことば（声）を丁寧に聴こうとしていたことに筆者は驚いた．事例8-6の子どものことば（声）は，ラーニング・ストーリーに取り組み，「できる・できない」にとらわれない子どもの姿を丁寧に感じていこうとしてきたからこそ聴こえてきたものである．丁寧に子どものことば（声）を聴くことから始めるラーニング・ストーリーにおいては，新人保育者であっても，いや子どもに素直に関わる新人保育者だからこそ，子どもと二人称的にかかわり合うことから子どもがみせてくれた世界を感じることができたのであろう．

子どもの発見をほかの保護者も丁寧にみてともに味わい，喜び合う関係は，学級全体の保護者に伝わり，保護者同士・子ども同士の育ち合いを支える．そのような肯定的で温かい関係のなかで，子どもは，伸び伸びと，自分の思いや考えを表現することができる．心が通い合う喜びとは，このような二人称的かかわり合いのなかで生まれる．そして子どもと保育者，保護者は愛と信頼を育むことができるのである．

ラーニング・ストーリーに取り組んだ保護者の感想（アンケートより一部抜粋）

- あまり，自分の考えを言わなかったり，親にもおしゃべりをしない子だが，このファイルを通して，子どもの気持ち，考えを聞くことができてうれしい
- 1つ1つの行事や日常の園生活の場面を先生方が丁寧にまとめていただき，さらにそのときの気持ちがよくわかるものになっていて，親としても新たな発見がありました．

8.5 想像する楽しさを味わう絵本との出会い

事例 8-7 親子で絵本読み聞かせ会を楽しむ（5歳児2月）

保育者は子どもたちが，小動物の重さ調べに関心をもっているので，聞かせ屋。けいたろう氏の絵本『どうぶつたいじゅうそくてい』（2014），『どうぶつしんちょうそくてい』（2014）を読んだ．子どもたちは動物にも身長・体重測定があることにとても興味をもち，絵本コーナーで繰り返し読んでいた．そこで保育者は，子どもたちが親しんでいる絵本の作者である聞かせ屋。けいたろう氏の親子絵本読み聞かせ会を企画した．子どもも保護者もときに笑い，ときには真剣な表情で聴き入り，ともに豊かで穏やかな時間を過ごした．

絵本には，自由に想像する楽しさがある．幼稚園教育要領の領域「言葉」では，「絵本や物語などで，その内容と自分の経験とを結び付けたり，想像を巡らせたりするなど，楽しみを十分に味わうことによって，次第に豊かなイメージをもち，言葉に対する感覚が養われるようにすること」と記載されている．子どもが情感込みで二人称的にかかわる世界がより豊かになるきっかけとして，絵本との出会いは重要である．親子で絵本を味わう心豊かな体験は，お話の世界に入り

込み，想像する楽しさを共有することで，互いの心を通わせ，愛を育むことができる．

付記

筆者が東京学芸大学附属幼稚園小金井園舎での観察記録をもとに個人が特定できないように改変した事例8-1，事例8-2を，本書に掲載することを快く受け入れてくださった東京学芸大学附属幼稚園小金井園舎山田有希子副園長先生および田島賢治先生には心から感謝申し上げる．なお，久保寺（2019）「子どもが環境にかかわり，自らの思いを言葉や態度で表現していく保育実践—ベテラン保育者が新人保育者と共に当番活動について見直すことを通して—」を本事例では「言葉」を通して，心が通い合う視点から論考している．その際，筆者が副園長として保育に携わっていたときの事例および研究として保護者の同意を得たうえで記した．ご許可いただき，ご協力いただいた子どもたち，保護者のみなさま，そして幼稚園の園長先生および先生方にあらためてお礼申し上げる．

引用文献

聞かせ屋。けいたろう（文），高畠純（絵）：どうぶつたいじゅうそくてい，アリス館，2014

聞かせ屋。けいたろう（文），高畠純（絵）：どうぶつしんちょうそくてい，アリス館，2014

久保寺節子：子どもが環境にかかわり，自らの思いを言葉や態度で表現していく保育実践—ベテラン保育者が新人保育者と共に当番活動について見直すことを通して，青山乳幼児臨床保育研究会会報第3号，31-36，2019

文部科学省：幼稚園教育要領，第2章ねらい及び内容「言葉」，2017a

文部科学省：新幼稚園教育要領のポイント 資料3，13，2017b https://www.mext.go.jp/b_menu/shingi/chousa/shisetu/044/001/shiryo/__icsFiles/afieldfile/2017/08/28/1394385_003.pdf（2024年2月12日閲覧）

森眞理：教育技術 新・幼児と保育 MOOK 子どもの育ちを共有できるアルバムポートフォリオ入門，小学館，13-16，2016

ヴァスデヴィ・レディ，松沢哲郎，下條信輔：発達心理学の新しいパラダイム—人間科学の「二人称的アプローチ」，26-28，中山書店，2017

佐伯胖：専門家としての教師．佐久間亜紀，佐伯胖編著：アクティベート教育学②現代の教師論，173，ミネルヴァ書房，2019

渡辺弥生監修：完全カラー図解 よくわかる発達心理学，83，ナツメ社，2021

コラム **8-1**

目に見えないけれど大事な気持ちを伝え合う
―互いを尊重し合うことが
ともに生きることにつながります―

仁科　桃子

　年中組では，徐々に子どもたち同士でのトラブルが生じ，気がつかないうちに他者を傷つけてしまう行動や言葉が増えてきます．力の加減が難しいことや，言葉でのいざこざが多くなることが原因です．

　自分自身だけの世界で遊び，過ごしていた子どもたちが，他者との関わりを広げていくうえで，思っている気持ちを言葉にしても，ときに相手に伝わらなかったり，表情だけではくみ取れない感情を，受け止めてもらえずにもどかしく思うこともあります．愛星幼稚園では，年長組への進級へ向けた活動として，目には見えない「気持ち」に焦点を当てて考える機会をつくっています．

　導入として，子どもたちに「みんなの心はどこにある？」と尋ねると，頭や胸，お腹を押さえる子がいます．心とは，漠然としていて，むしろ何であるか，何を感じる場所なのかピンとこない子がほとんどといえるでしょう．

　活動では，子どもたちに視覚的にわかりやすいように，画用紙を使います．ピンク色とグレーのハート型に模った画用紙を１枚ずつ用意し，ピンクのハートは，嬉しい，楽しい，明るい気持ち．グレーのハートは，ピンク色とは反対の悲しい，嫌な気持ちに見立てて話を進めていきます．

　「『嬉しい，楽しい，明るい気持ち』のピンクのハートであっても，友だちに嫌なことをされたり，言われると，心のなかにあるハートの画用紙がどんどん小さく丸まってしまう．たとえその後に，ごめんね，と謝られて，ピンクのハートがもとの大きさに戻ろうとしても，折り目がついていて，すぐにはまっさらなピンクのハートには戻らず，本来の楽しい，明るい気持ちには戻らない」ということを，写真のように，画用紙を丸めたり，伸ばしたりしながらお話をします．実際に視聴覚に働きかけ，紙の折り目がつく性質を利用することによって，子どもたちも真剣なまなざしで話に耳を傾けてくれます．

　その後，ピンクのハートになる言葉，グレーのハートになる言葉には何があるかを尋ね，子どもたちからあがった言葉をホワイトボードに書き出していきます．すると，「大好き，ありがとう，いいよ」などのピンクのハートになる言葉よりも，

　グレーのハートになる言葉が次々とあがることに驚きました．普段，何気なく言われていることでも嬉しく感じる，逆にすぐに思い浮かぶくらい悲しい気持ちにもなっている，ということがよくわかり，担任としても，聞きながらハッとなります．

　このクラス活動は，毎年，年中組で行われています．この活動を機に，「ピンクのハート」と「グレーのハート」というフレーズが，トラブルの際に度々あがり，嫌な言葉を衝動的に言ってしまいそうになるときも，子どもたちはハッという表情をみせ，グッと我慢したり，相手の気持ちを考えるような姿が増えたように感じています．

　このように，クラスで自分の思いを伝え合う，話し合う活動を通して，目には見えない相手の心や感情に気がつき，子ども同士で関わった際にも，相手と同じ「楽しい」「嬉しい」，ときには「悲しい」「困る」と感じるのだな，と一度立ち止まって考えるきっかけとなるのです．また，徐々に「自分がされて嫌なことって相手も嫌だと思うのかな？」と想像して，相手の気持ちを推測する力も，幼稚園という小さな社会のなかで，身についていくのではないでしょうか．

　心の場所は，図鑑に載っていないし，正解はないのです．相手の気持ちに気がつく経験を通して，困っていたり泣いていたりする友だちに，言葉をかけなくてもそっと寄り添えたり，周りにいるひとを思いやる優しい心を育てていくきっかけにもなるのではないでしょうか．「目には見えないものに目を注ぐ．」保育者が小さなヒントを与えたり，種まきをすることで，子どもたちは，友だちのよいところや友だちがもっているさまざまな特徴もすべてを子どもの視点で理解し，尊重し合いながら生きているのだと思います．

コラム 8-2

文字への興味と関心を育む
―ことばを豊かにするには，親しみ，
喜び，楽しさが重要です―

前田　宏子

親しみ，喜び，楽しさから「ことば」を豊かに育む

　乳幼児期の重要な発達の1つに「ことば」の獲得があります．「ことば」は他者とのコミュニケーションに加えて，自分の考えや気持ちを整理するためにも必要です．乳幼児期には話し言葉の理解と獲得を中心としながら，文字への興味と関心を育むことが求められています．そこで幼稚園では，さまざまな体験を通して「伝えたい」という気持ちを育むこと，そのうえで友だちや保育者と会話を交わす喜び，文字で伝える楽しさを感じる経験を大切にしています．

絵本や友だちへの親しみから生まれる「文字との出会い」

　幼稚園生活では，文字と出会う機会が多くあります．たとえば読み聞かせをした絵本を保育室に置いておくと，子どもたちは文字を読めなくても手に取り，絵を見ながらページをめくっています．保育者から読んでもらった絵本に興味を抱いたからこそ，絵や文字を眺めながら自分の内側でも物語を反芻し，こうした経験がしだいに文字を読むという行為につながっていくのではないでしょうか．

「先生，みんなの名前を読めたよ」

　4歳児のともやは，これまで文字に興味を示すことがありませんでした．絵本の読み聞かせは好きで，家庭でも幼稚園でも喜んで聞いています．文字を読まなくても，気に入った本はパラパラと眺めることもありました．ある日，ともやが友だちのロッカーの前でぶつぶつ言っています．保育者が「どうしたの？」と言葉をかけると，「ちょうちょのマークは，ひろこちゃんでしょ．だからロッカーの名前を読んでいるの」と答えました．その後もロッカーに貼ってある名札の個人マークのシールと名前を見ては「電車は，だいちくんでしょう」と言い，1文字ずつ拾い読みをしていきます．クラス全員の名前を1文字ずつ読み終えると，保育者のところに来て，「先生，みんなの名前を読めたよ！」と笑顔で伝えました．

幼稚園の子ども用のロッカーには，各子どものフルネームとマークがついています．子どもたちはどのマークが誰を示すかを理解しています．同時にマークの横に書かれている文字がそれぞれの名前であり，マーク以上に自他を識別できることも理解しています（ほかのクラスに同じマークの子どもがいることもありますが，名前はその子ども固有であり，読めなくても，文字の形の違いなどに気づいています）．

　文字への興味が芽生え始めているともやにとっては，自分で絵本を読んだり，書いたりすること以上に，親しい友だちの名前を表すものとして文字に触れることが自然なのでしょう．ともやにとって，マークで誰であるかを区別したうえで，1文字ずつ文字を追いながら，全員の名前を読めたことの喜びは大きかったと感じます．子どもによって文字に興味をもつタイミングは異なるからこそ，こうした親しみから生まれる文字との出会いも大切にし，文字への関心と理解を育みたいと思います．

生活のなかで文字の役割に気づき，遊びのなかで活用する

　先の事例でも見てきたように，子どもたちは生活のなかで文字の役割に気づくことで，自分たちでも文字を使い，遊びのなかで活用していくようになります．

「お客さんがまよわないように看板があったほうがいいよ」

　ちえが保育者に「昨日，ハンバーガーを食べておいしかった」と話していると，あきひことれいかも「僕も食べたことがある」「私はおもちゃをもらった」などと会話が弾み，ちえの「私はハンバーガーやさんになる！」の言葉をきっかけに，あきひことれいかやほかの子どもも参加してお店屋さんごっこが始まりました．ハンバーガーや飲み物などをつくり終えると，れいかが「お客さんがまよわないように看板があったほうがいいよ」と言い，保育者と一緒に看板に字を書き始めました．大きな看板をつくり，子どもたちは大満足です．「いらっしゃいませ！」と大きな声でお客さんを呼び始めました．

　子どもたちは日々の生活のなかで，お店には看板があり，そこに書かれている文字によって，お客さんに何のお店であるかを知らせることができることを理解しています．その経験が本事例において「自分たちのお店についてほかの友だちに伝えるために文字を使おう」という考えにつながっています．ここで大事なことは，この事例における保育者の援助が子どもに文字を教えるということではなく，一緒に遊びをつくる仲間として看板を書くことだったという点です．

　幼稚園では生活のなかで文字を知ることを大切に考えています．保育者の役割は文字に興味や関心をもっている子どもに寄り添った援助をしていくことです．

114

第9章　磨かれた感性と表現する力を身につけることは，生活を彩り豊かにします

佐藤賢一郎

「表現する力」と聞いて，あなたは何を思い浮かべるだろうか．一般的には，洗練された楽器演奏や美しい造形作品，高貴な文学作品といった芸術的形象を表するものと理解されていることが多い．保育の世界でも，平成以前の幼稚園教育要領や保育所保育指針で保育内容が6領域だった時代には「造形」「音楽」といった領域があったことに加え，現代においても保育者養成校では造形表現や音楽表現がカリキュラムに組み込まれていることも多く，子どもの芸術的な技術を磨くことを「表現力を身につけること」と捉えているひともいるかもしれない．

しかし，2017年改定（訂）「保育所保育指針」「幼稚園教育要領」「幼保連携型認定こども園教育・保育要領」（以下，「3法令」）における子どもの「表現」とは，単に芸術的な技術を磨くといった意味ではなく，自分の感情や思想・意思などを形として態度や言葉で示す営みのことであり，かなり広い意味として解釈されている．本章では，1人の子どもの成長記録をもとに，生活のなかで絶えず磨かれていく感性とその表現する力に注目して解説していく．

9.1 乳児における表現

9.1.1 さまざまなものに関心をもつ

お花畑に咲いたチューリップに関心をもち，身を乗り出し，手を伸ばしている乳児が本章の主人公Mちゃんである（図9.1）．月齢でいうと8か月ほど．視力も少しずつ発達し，からだの諸感覚の働きも成長してきて，気になったものに対して手足をバタバタと動かして表現したり，手を伸ばしたりして触ろうとするしぐさをみせている．乳児にとっては世のなかのすべてが未知であり新鮮に映る．乳児は，世のなかのあらゆる環境に興味を抱き，自らを

図9.1　あれ何だろう？

表現したい気持ちにあふれているといえるだろう．おとなになると，日常の当たり前である存在の尊さに気がつかなくなっていることが多い．おとなや保育者も意識的に耳を澄ませたり，目を凝らしたりすることで，身の回りの音や色，形が多様に変化していることに気がつくことができる．子どもが感受している日常の風景を意識して見ることで，おとな自身の感性もあらためて開花していく．そうした気づきを踏まえたうえで子どもに言葉をかけたりともに自然の変化を楽しんだりすることで，子どもの表現の世界はより豊かになっていくだろう．

9.1.2　偶然性と即興性から表現する

　図9.2では，赤ちゃん用おもちゃ（動かすと音が鳴る）をつかみ，その感触を確かめるとともに，音の鳴る不思議さにつられて手をバタバタと動かしている様子がみられる．身の回りにちょっとしたおもちゃを用意しておくことで，乳児はそれらに興味・関心をもって触れていこうとする．そこで，音，形，色，手触りなどに気づき，感覚の働きが豊かになってくる．そして，おもちゃや身の回りのものを，つまむ，つかむ，叩く，引っ張るなど，手や指を使って遊ぶことが，後の子どものリズム表現などにもつながっていく．

　子どもの表現は偶然性と即興性が高いともいえる．身の回りのひとやものと出会うことで偶然発生することもある．図9.2のようなおもちゃを偶然手にしたことで，そこからガラガラと鳴る不思議な音に魅了され，何度も試してみたり，これは何なのだろうと触ったりかじったり，ときには投げたりすることもある．一見，ものを散らかしているようにみえる行動も，偶然性と即興性からなる表現の1つであり，「子どもの思考が深まっているのだ」とおとなや保育者は理解しておく必要がある．

9.1.3　指さしで表現する

　月齢12か月頃のMちゃん．この頃から子どもの表現としてよくみられる「指さし行動」をとるようになった．図9.3では，お母さんに抱かれ，向こうに見える何かを指さし訴えかけている．場所・方向を指で示し，注意喚起するというコミュニケーション方法は，言葉がまだうまく伝えられない時期に出てくる発達の指標であり，1歳半検診でも「指さしをするか」という項目がある．言葉を使わずに指をさすことだけで自分の気持ちや意図を表現するというスキルを確実に身につけてきているといえる．

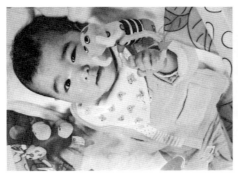
図 9.2 音が鳴るよ！

図 9.3 あれなあに？

9.1.4 3法令における乳児保育のねらいと内容

それでは，2017年に同時に改訂・改定された3法令では，領域「表現」はどのように扱われているのだろうか．まず，保育所保育指針及び幼保連携型認定こども園教育・保育要領の乳児保育においてだが，乳児保育の場合は5領域に分かれているのではなく，その根底として3つの視点が示されている．この視点が発展し，幼児期の5領域へとつながっていく．

以下の表9.1は，3つの視点のなかでも領域「表現」に関連性が高い「身近なものと関わり感性が育つ」より抜粋した．ここまで繰り返し述べられてきたように，子どもはおとなとの愛着が形成され，安心・安全が保障されたなかで，生活や遊びのなかから感性が磨かれ，さまざまな表現を通して成長していくといえる．

表 9.1 保育所保育指針〈2017年告示〉

ウ　身近なものと関わり感性が育つ
ねらい
①身の回りのものに親しみ，様々なものに興味や関心をもつ．
②見る，触れる，探索するなど，身近な環境に自分から関わろうとする．
③身体の諸感覚による認識が豊かになり，表情や手足，体の動きなどで表現する．
内容
①身近な生活用具，玩具や絵本などが用意された中で，身の回りのものに対する興味や好奇心をもつ．
②生活や遊びの中で様々なものに触れ，音，形，色，手触りなどに気付き，感覚の働きを豊かにする．
③保育士等と一緒に様々な色彩や形のものや絵本などを見る．
④玩具や身の回りのものを，つまむ，つかむ，たたく，引っ張るなど，手や指を使って遊ぶ．
⑤保育士等のあやし遊びに機嫌よく応じたり，歌やリズムに合わせて手や足を動かして楽しんだりする．

9.2 1歳以上3歳未満児における表現

9.2.1 全身で表現する

図9.4は1歳3か月頃のMちゃんである．「まてまて遊び（かくれんぼと鬼ごっこ）」として，筆者（カメラマン）を追いかけている表情である．キャッキャと喜び，楽しむ姿がみられる．歩行が完成し，全身を動かせることの喜びが，表現することへの原動力になっているといえる．こうした子どもの喜ぶ姿におとなも共感し，子どもの表情に合わせ，表情やからだの動きで楽しませたい．

9.2.2 自然物で表現する

図9.5では散歩でみつけた大きな葉っぱに喜び，おとなに見せに来たり，うちわであおぐような動きをしてみたりと，自然物への新たな発見に喜びを感じている姿である．この後も，さまざまな大きさの葉っぱを拾っては，その形の違いや大きさに気づいていた．これをきっかけに大きな葉っぱを家に持ち帰り，絵本『だるまちゃんとてんぐちゃん』（加古，1967）に出てくるいろいろなうちわをイメージして，だるまちゃんとてんぐちゃんごっこが盛り上がっていた．

落ち葉の例のように，身近な自然物が保育の場では遊びの道具として活躍することがある（コラム7-1参照）．これは，米国の知覚心理学者ギブソン（J. Gibson）の提唱する「アフォーダンス」という理論で（佐々木，2015），たとえば，落ち葉がそれ以外の意味を与える（アフォードする）といった解釈がなされ，本来とは異なったさまざまな意味づけをしながら行為に至っているという考え方になる（第3章参照）．すなわち，砂や土も，素材のもつ意味をアフォード

図9.4　みいつけた！　　図9.5　大きい葉っぱ！

してケーキやおだんごといったものに変換され，ままごとのようなさまざまな遊びに変化・発展していくことだろう．水，砂，土，そして雪といった素材は，子どもの表現活動に多くの可能性を与えてくれる．このような自然環境は，子どもの行為の選択，表現することへの幅を広げていくとともに，知覚の発達を促すうえでも重要な意味がある（第7章参照）．

9.2.3 独創的な表現

図9.6は，Mちゃんお気に入りの人形やぬいぐるみを並べて寝かせ，最終的に自分も横に寝るといった，なんとも楽しい表現をしている姿である．人形やぬいぐるみをこのように使って遊ぶ姿はおとなにはなかなか考えつかないものであり，Mちゃんがどういった思考のもとでこうした行動に出たのかはわからないが，自分なりにイメージした何かを表現したのだろう．

おとなは，あるがままの子どもの表現に触れ，それを受け止めながら関わることが重要である．子どものもつ表現力の奥深さに敬意を表し，ときには言葉をかけ，ときには見守りながら，その表現と向き合ってともに生活を育んでいくことが大切だといえる（第6章参照）．

9.2.4 模倣で表現する

図9.7は，これまで実際には使われていなかった本や玩具が，思いがけない遊びや表現へとつながった例である．マンガのような本やお絵描きボードはもともと押し入れにしまってあったのだが，それを見つけたMちゃんは，お絵描きボードの上にすらすらと本を模倣し描き始めた．完成した絵を筆者にみせながら，「これがうさぎさんで，これがくまさんなの」と1つ1つを丁寧に説明してくれて，その姿は生き生きとしていた．

図9.6　並べてみました～

図9.7　真似して描いたよ

この例のように，おとながあまり魅力を感じていなかった物的環境でも，子どもにとっては有益な表現アイテムになることがある．たとえば保育者も，園にある環境を定期的に捉えなおすことで，子どもの表現活動への可能性を広げることもあるといえる（第3章参照）．

表9.2 1歳以上3歳未満児の保育所保育指針〈2017年告示〉

オ　感性と表現に関する領域「表現」
　感じたことや考えたことを自分なりに表現することを通して，豊かな感性や表現する力を養い，創造性を豊かにする．
ねらい
①身体の諸感覚の経験を豊かにし，様々な感覚を味わう．
②感じたことや考えたことなどを自分なりに表現しようとする．
③生活や遊びの様々な体験を通して，イメージや感性が豊かになる．
内容
①水，砂，土，紙，粘土など様々な素材に触れて楽しむ．
②音楽，リズムやそれに合わせた体の動きを楽しむ．
③生活の中で様々な音，形，色，手触り，動き，味，香りなどに気付いたり，感じたりして楽しむ．
④歌を歌ったり，簡単な手遊びや全身を使う遊びを楽しんだりする．
⑤保育士等からの話や，生活や遊びの中での出来事を通して，イメージを豊かにする．
⑥生活や遊びの中で，興味のあることや経験したことなどを自分なりに表現する．

9.2.5　3法令における1歳以上3歳未満児のねらいと内容

　保育所保育指針及び幼保連携型認定こども園教育・保育要領の1歳以上3歳未満児のねらいと内容をみていく（表9.2）．乳児期の3つの視点から，5領域に発展し，表現独自の項目となっていることがわかる．

9.3　3歳以上児における表現

9.3.1　人前で表現するということの難しさ

　図9.8および図9.9は，Mちゃんが幼稚園に入園して初めての運動会（3歳児クラス）の様子である．図9.8は担任の先生にピッタリとくっついて離れないMちゃん．それでも何とか先生と一緒に参加する（図9.9）ものの，終始緊張した姿をみせていた．保育者としては，楽しい雰囲気で表現する普段の保育の様子をみせたいと願うものの，保護者も大勢集まり，いつもと違う様子に動揺が隠せないMちゃんにはハードルが高かったようである．表現活動は，そのときの子どもの心理的な情況によっても大きく変わってくる．保育者は，そうした子どもの心情もケアしながら関わっていく必要があるだろう（第6章参照）．

120　　第9章　磨かれた感性と表現する力を身につけることは，生活を彩り豊かにします

図 9.8　先生にくっついて

図 9.9　一緒ならできるよ

9.3.2　表現へとつながる環境構成

　図 9.10 は，シャボン玉を飛ばして遊んでいる姿だが，こうした些細な遊びのなかから，より複雑な表現活動へと発展することがある．アフォーダンス理論に似た，行動経済学のナッジ理論というのがある（大竹，2019）．ナッジとは，「軽くヒジでつついて行動を促す」といった意味で，強制ではなく，あくまでも当事者の自由選択が大事だということにある．これを保育に当てはめると，保育者が用意したシャボン玉セットに，子どもは強制ではなく「やりたい」気持ちが促され，遊び始める．これを皮切りに，保育者がさらに環境を準備・工夫することで大きなシャボン玉をつくったり，小さいたくさんのシャボン玉をつくったりなど，子どもの表現活動は枝分かれしていく（第 2 章参照）．

9.3.3　絵や文字への関心と表現

　図 9.11 では，お絵描きを楽しむ姿がみられる．4 歳児クラスに進級した M ちゃんは，手指の操作が巧みになり，絵や文字を描くことに関心が強くなる．この頃

図 9.10　不思議なシャボン玉

図 9.11　描くこと大好き！

9.3　3 歳以上児における表現　　*121*

は，自分の考えたキャラクターに名前をつけて，それをごっこ遊びにも展開させる姿がみられ，表現力の豊かさに保育者も驚かされていた．

3法令「表現」の内容には，④「感じたこと，考えたことなどを音や動きなどで表現したり，自由にかいたり，つくったりなどする．」⑦「かいたり，つくったりすることを楽しみ，遊びに使ったり，飾ったりなどする．」といった，音楽表現・身体表現・造形表現に関しても明記されている．これはもちろん，単に技術を習得することではなく，子どもたちが主体的に参加し，心を躍らせながら遊びとして表現を楽しんでいることがもっとも大切であることはいうまでもない．

お絵描きや造形は，園のなかでもっともわかりやすい表現活動である．とくに，絵やイラストは，言葉を補完する意味をもつこともあり，幼児期にみられる「象徴期」「カタログ期」「図式前期」といった子どもの絵の表現によって，感情やメッセージといった子どもの心情を捉えることも可能となる．自由にかいたり，つくったりすることは，十分に保障すべき表現活動といえるだろう．

9.3.4　生活発表会での合奏

図9.12は生活発表会の様子である（4歳児クラス）．タンバリンをタイミングよくみんなと合わせて奏でることに心地よさを感じながら，緊張感をもって表現していることがうかがえる．

ただしおとな側は，子どもの年齢が上がると，より高度な表現技術を求めたくなるが，保育者が先走り表現技法を習得させることや，完成度の高い作品に仕上げようとするのが目的ではないことは先にも述べた通りである．あくまでも子ど

図9.12　リズムを合わせる！　　図9.13　みんなでダンス！

もが自分なりの表現を楽しめるように，選択肢を広げる環境づくりとして素材や方法を選び提供することが大切だといえる（コラム9-1参照）．

9.3.5 行事を通してみせる表現活動

図9.13は，運動会での表現発表として多くの園で取り入れられているダンスをしている姿である（5歳児クラス）．3歳児の頃は保育者と一緒でなければ参加できなかったMちゃんが，こうして一人で立派に踊るまで成長した．

こうした行事を活用して，日常の保育における表現活動の成果をみせることは，保護者や地域のひとびとに子どもの育ちの様子や保育実践を伝えたりするのに適している．とくに，年長児くらいになると，友だちやおとなにみてもらえることにやりがいを感じるようにもなってくる．

一方で，表現に関する行事が子ども主体ではなくおとなにとっての，保育者の自己満足が背景にあるような行事にならないよう注意が必要である．行事という非日常の舞台での活動経験が，子どもの育ちにプラスとなるように，そのプロセスにもしっかりとこだわりをもって取り組んでいかなければならない．どの年齢においても，園行事は日常の保育生活に変化と新たな活気をもたらし，子どもたちが通常では経験できない特別な瞬間に出会い，感動し，多彩な表現を引き出す素晴らしい機会となりえるだろう（コラム9-2参照）．

9.3.6 作品展での造形発表

表現活動のなかでよく取り上げられるのは「造形」である．Mちゃんは年長児の作品展にて，木工作で「うさぎさん」を作成した（図9.14）．当時，うさぎのキャラクターに凝っていた時期であり，絵を描くのも造形作品もうさぎのキャラクターが多かった．木を使ってうさぎをつくるというのは難しそうだが，完成品は自立することができ，耳や尻尾が可動するような仕様になっており，本人もとても気に入っている．こうした大がかりな造形作品にも，作品への思い入れやエピソードが眠っており，豊かな表現活動の一ページとして胸に刻まれているといえる．

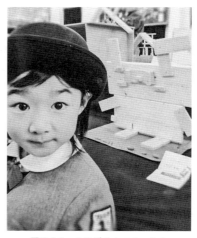

図9.14 うさぎさんつくったよ

表 9.3 3 歳以上児の保育所保育指針〈2017 年告示〉

オ　感性と表現に関する領域「表現」
　感じたことや考えたことを自分なりに表現することを通して，豊かな感性や表現する力を養い，創造性を豊かにする．
ねらい
①いろいろなものの美しさなどに対する豊かな感性をもつ．
②感じたことや考えたことを自分なりに表現して楽しむ．
③生活の中でイメージを豊かにし，様々な表現を楽しむ．
内容
①生活の中で様々な音，形，色，手触り，動きなどに気付いたり，感じたりするなどして楽しむ．
②生活の中で美しいものや心を動かす出来事に触れ，イメージを豊かにする．
③様々な出来事の中で，感動したことを伝え合う楽しさを味わう．
④感じたこと，考えたことなどを音や動きなどで表現したり，自由にかいたり，つくったりなどする．
⑤いろいろな素材に親しみ，工夫して遊ぶ．
⑥音楽に親しみ，歌を歌ったり，簡単なリズム楽器を使ったりなどする楽しさを味わう．
⑦かいたり，つくったりすることを楽しみ，遊びに使ったり，飾ったりなどする．
⑧自分のイメージを動きや言葉などで表現したり，演じて遊んだりするなどの楽しさを味わう．

9.3.7　3 法令における 3 歳以上児のねらいと内容

　ここまで 3 歳未満児では「表現しようとする」といった方向性が示されていたが，3 歳以上児になると「自分なりに表現して楽しむ」が，具体的な行動として表記されている（表 9.3）．ただし，こうしたねらいや内容を保育計画に組み込んでいく場合は，単に行動そのものを目的とするのではなく，そのプロセスを十分に楽しみ，結果としてねらいが達成されるように検討していく必要がある．

9.4　表現活動は生活を彩り豊かにする

　図 9.15 は，いよいよ 1 年生になるということで，新品のランドセルを身につけてポーズをとっている姿であり，喜びの表情にあふれている．ここまで，M ちゃんという一人の子どもの成長を「表現」という観点から述べてきた．表現活動とは，決して完成品の美しさを求めるものではなく，子どもの何気ない日常のなかにある成長プロセスの一要因である

図 9.15　いよいよ 1 年生！

ことがわかる.

そして，子どもたちの表現活動は，おとなの共感とサポートによってさらに豊かに発展していく．単に子どもたちを表現活動に組み込んだ，みせるためだけの保育計画を立てるのではなく，子どもたちの表現したいという思いを尊重したうえで，それを具現化するために必要な環境を整えなければならない．こうした子育てや保育のプロセスを経て成長した子どもたちは，洗練された感性と表現力を身につけ，その後の人生においてより豊かで彩り鮮やかな生活を送ることができるだろう．

付記

本章の写真は筆者が撮影したものであり，園での写真も対象園に通知したうえで使用している．

引用文献

かこさとし：だるまちゃんとてんぐちゃん，福音館書店，1967
厚生労働省：保育所保育指針〈平成 29 年告示〉，フレーベル館，2017
文部科学省：幼稚園教育要領，2017
内閣府・文部科学省・厚生労働省：幼保連携型認定こども園教育・保育要領，2017
大竹文雄：行動経済学の使い方，岩波新書，2019
佐々木正人：新版アフォーダンス，岩波書店，2015

コラム **9-1**

感動を分かち合う
—意欲を受け止められると，
イメージと創り出す力が湧いてきます—

嶺村　法子

　本園では，毎年 12 月初旬に，各学年の表現活動の集大成として「こども会」を実施しています．その際，保育者が決めた演目を練習させて当日に臨むやり方はしていません．子どもたちの興味や関心，普段の遊びや生活の様子，それまでに経験してきたことを受けて，保育者が子どもの思いや言葉を引き出し，アイデアを交わし合うなかで，子どもたちとともに創り上げることを大切にしています．

友だちの好きな絵本を知ることから生まれる遊び

　担任保育者が年長児うみ組の子どもたちに，「今年はどんなお話がいいかな？オススメの絵本があったら紹介してね」と投げかけると，それぞれが好きな絵本を持ち寄り，紹介したり，友だちと好きな役になってごっこ遊びを楽しんだりしていました．運動好きの子どもたちは，「『むしたちのうんどうかい』をやりたい！」とクワガタムシになって遊戯室から廊下を回って 1 周し，リレーのバトンパスやゴールテープを切る場面を楽しんでいました．『トイ・ストーリー』の絵本を持って来て，「バズライトイヤーをやる！」と言い，保育者にイメージを伝えながら衣装をつくっている子もいれば，白い布を被って『へんしんおばけ』になり，何から何に変身させるかについてアイデアを出し合って物づくりに励んでいる子もいます．そこで担任保育者は，子どもたちの思いを受け止め，みんながやりたい役ができるように，『100 かいだてのいえ』の各フロアに物語の登場人物が住んでいて，お客様を案内していくストーリー展開を考えました．そして『100 かいだてのいえ』の住人は，子どもたち一人一人が劇でやりたいお話の絵本や紙芝居を発表し合い（その数なんと 10 作品以上！），いろいろなお話で劇遊びを楽しんだ後，子どもたちから人気があった 5 つのお話から決めることにしました．

保育者も仲間になって，みんなの「やりたい！」がつまった劇を創り出す

　子どもたちは，いろいろな役をやってみたなかから，自分のやりたい役を決めると，「いいこと考えた！」「こうしたらいいんじゃない？」「それ，いいね」「でも，こうしたらもっとおもしろいよ」とアイデアを出し合い，大道具や小道具，衣装を作り始めました．色や形にこだわって一人でコツコツとつくったものもあれば，友

だちと力を合わせてつくったものもあります．台詞や効果音も，みんなで一緒に考えながら世界に1つだけの劇を創り上げていきます．

劇「うみ組がつくった100かいだてのいえ」は，10階に住んでいるオバケたちがいろいろなものを持って，トンネルに入っていくところから始まります．毛糸を持って変身トンネルに入ったオバケは，「けいと，けい，と，けい，とけい！」と言いながら，変身した柱時計を持って出てきます．あるものの名前を繰り返し言っているうちに，言葉の句切りが変わって別のものになる面白さを共有できるのも年長児ならではの姿であり，その過程で言葉に対する感性も磨かれていきました．30階では，お母さんヤギが出かけた後，オオカミと子ヤギたちの丁々発止の掛け合いが繰り広げられ，オオカミが池に落ち…70階では，働き者の小人たちの住む家に迷い込んだ白雪姫が，魔女の毒リンゴを食べて倒れてしまいますが，学級のみんなに「白雪姫！」と呼ばれて元気になります．99階では，運動会の練習をしたいクワガタたちが，各階に電話をかけて，オバケや白雪姫たちを練習相手に呼ぶなど，楽しい交流もあります．そして！　待ちに待った100階にいたのは…赤い玉座で微笑むバズライトイヤー！　住人たちとお客様，みんなを宇宙旅行に連れていってくれます．エンディングは，子どもたちのつぶやきや鼻歌を集めて，担任保育者が作詞・作曲した「うみぐみがつくった100かいだてのいえ」の大合唱♪　キャスト紹介では，「虹のむこうに」の曲に合わせて役ごとにポーズを決め，3年間の表現活動の集大成にふさわしい「劇」となりました．

子どもの「やりたい！」を育み，意欲を受け止めることの大切さ

劇づくりの過程において，担任保育者は子どものアイデアを面白がり一緒に楽しむ仲間としての役割と同時に，次々に出てくるアイデアを整理して，劇の形に整えていく演出家としての役割を果たしていました．どちらの役割であっても，共通していたのは，子どもたちの「これをやりたい！」という意欲を大切に受け止め，実現する道を探す姿勢でした．こうした担任の関わりが園生活のなかで楽しんできた劇遊びをお客様にも楽しんでもらえる「劇」へと練り上げていく原動力になりました．そして自分たちで創り上げた劇にも，やり遂げた自分たちにも満足し，お客様を楽しませることができた達成感や感動してもらえた喜びを味わい，さらなる自信につながりました．

コラム 9-2

伝統文化に触れる
―文化の継承は「やってみたいな」から始まります―

田村　秀子

詩吟を聞いて，絵を見て，日本音階に触れて

　現代では日本音階を聞く機会がほとんどない子どもたちにとって，講師の先生の歌やキーボードの音に合わせ，絵本の挿絵や文字をみながら声を出すことは，ちょっと不思議な，珍しい，でも何だか面白い，貴重な機会となっています．

　詩吟の日は，講師の先生が子どもたちのほうを向いて歌えるようにキーボードを設置し，詩吟の絵本を人数分用意します．また詩と音の高低を表す記号を書いた模造紙をボードに貼り，それらを手がかりに自分でも声を出してみようと思えるように準備します．

　そしてクラス全員が椅子に座り，先生のお話を聞くことから始まります．詩吟の絵本には，寺子屋で学ぶ様子が描かれており，「これが昔の学校ですよ」と聞くと，子どもたちは興味をもってじっと絵を眺め，「ちょんまげしてる」「着物きてる」「サンダルぬいである」など，いろいろなことに気づきます．その後，朱熹の「偶成」という詩について簡単な説明を受け，講師の先生の吟じる「偶成」を聞きました．子どもたちは初めて聞く日本音階のメロディーと講師の先生の吟じる声にちょっと驚いたようです．

　講師の先生から「こういう歌を聞いたことがある人？」と尋ねられてもなかなか手が上がらないなか，「信号のところで聞いた」という子がいました．「通りゃんせ」の音楽は確かに日本音階です．「どんな感じ？」と聞くと，「ちょっと寂しい」「悲しい感じ」などと言った子もいました．そして「偶成」の詩の意味や，音の高低を表す記号の意味を教えてもらって，絵や文字や記号をみながら，先生の声に合わせて，吟じてみることに…．わからないながらも，先生と同じ音の高さの声を出そうとしたり，ギザギザの記号をみながら首を振って声を震わせようとしたりしていました．講師の先生が最後に「どうでしたか？」と聞くと，「ちょっと楽しかった」「意味がちょっとわかった」「もっと歌いたい」などの声がありました．

箏を見て，音色を聞いて，楽器に触れて

　1月の誕生会のお楽しみとして，お箏の先生に演奏していただいています．遊戯室の舞台に赤い毛氈を敷き，新年を祝う花を飾って，お正月の雰囲気をつくりまし

た．和服の先生が登場し，赤い毛氈の上に座ると，子どもたちはじっと先生を見ています．お箏を見るのも音を聞くのも初めての子がほとんどでしたが，「春の海」の演奏が始まると，じっと見たり音を聞いたりしていました．続けて「六段調」を途中まで弾いていただくと，子どもたちはたくさん拍手をしていました．「初めてだけどよく聞いてみよう」「よく見てみよう」という気持ちが子どもたちの態度から感じられ，子どもたちが少しずつ「何かいい音だな」と惹き込まれていくのがわかりました．

　お箏の伴奏に合わせて園歌と「さんぽ」の曲を歌ったことが新鮮だったようです．ピアノの伴奏と違って「ポロロロローン」という音やトレモロのような音が入り，子どもたちはお箏での伴奏を聞きながら歌うことを楽しんでいました．また，子どもたちからの「どうして爪をつけるの？」という質問に対して，爪をつける／つけない演奏をしてくださり，子どもたちから「そうか」「音が違う」「音が大きくなるんだ」という気づきが生まれていました．

　年中児と年長児は箏の爪をはめて音を出す体験もしました．爪をはめた親指で弦を下から上へはじくと音階のような音がします．ドキドキしながら箏に触った子どもたちでしたが，「ポロロロン〜」といい音が出ると，嬉しそうな笑顔になり，喜んでいました．

　日本の伝統文化との新たな出会いが，子どもたちをわくわくさせます．初めて見るものや聞くものに対しても，「これは何かな？」「面白そう」「何かいい音だな」「どうしてだろう」などと感じ，素直に表現する子どもたちです．保育者も一緒に新たな出会いを楽しみたいと思います．

索　　引

欧　文

Bowlby, J.（ボウルヴィ）　5, 61

Bronfenbrenner, U.（ブロンフェンブレンナー）　31

Erikson, E. H.（エリクソン）　60

Fröbel, F.（フレーベル）　76

ICT　95

OECD（経済協力開発機構）　16

あ　行

赤ちゃんポスト　55

遊び　3, 15, 26, 28, 41, 43, 70, 72
　　——を通しての総合的な指導　18
　　質の高い——　15, 22

遊び環境づくり　70

遊び込む経験　15

アタッチメント（愛着）　5, 23, 61
　　——の形成　5, 58

アタッチメント行動　5

アトリエ　40

アトリエリスタ　40

アフォーダンス　34, 118

安心感　5, 45, 49, 51

安全基地　24, 61

意欲　21, 87, 126

エクソシステム　31

応答的な関わり　5, 51, 83, 101

音楽表現　122

か　行

外国籍児　85

環境　30, 41, 70, 87
　　——の構成　30, 41, 43, 121
　　——の再構成　35
　　——を通して行う教育（及び保育）　31, 87

関心　113, 126
　　絵への——　109, 121, 128
　　文字への——　94, 113, 121

擬人化　90

基本の信頼感　60, 63

基本的な生活習慣　49, 65

教育資源　36

教育的価値　31

共感　78

行事　93, 123

協同性　78

協同的な活動　23

興味　→関心

経済協力開発機構（OECD）　16

劇遊び　126

劇づくり　127

公開授業　14

公開保育　14

合同研修会　14

個人差　47, 50

個性　85

言葉　39

言葉（母語）の獲得　4, 101

こども基本法　6, 52

子どもの可能性　83

子どもの権利条約（児童の権利に関する条約）　6, 52, 55

5領域　19
　　「健康」　20
　　「人間関係」　20
　　「環境」　20
　　「言葉」　20
　　「表現」　20

さ　行

し・あ・わ・せ・ほ・い・く♡　8

飼育　91, 97

思考力・判断力・表現力の基礎　16

自己決定理論　22

自己肯定感　63

自然環境　88

しつけ　4

児童の権利に関する条約（子どもの権利条約）　6, 52, 55

児童福祉法　52

社会環境　93

社会情動的スキル　16

社会的スキル　59, 61

社会的養護　55

集団の形成　83

授乳　47

障害　85

生涯発達　2

食育　72, 89

植物栽培　88, 90

自律性 vs 恥・疑惑　64

身体表現　118, 122

睡眠　47

生態学的環境　31

生理的欲求　51

積極性（自発性）vs 罪悪感　66

造形表現　123
粗大運動　61
即興性　116
素朴生物学　90

た　行

胎動　7
探究心　26, 37, 87, 100
探索活動　5, 51, 61, 62

地域　36, 57, 93
地域子育て支援拠点事業　57
知識及び技能の基礎　16

伝統文化　128

ドキュメンテーション　14, 23,
　　40, 90, 105
特別養子縁組　55

な　行

泣き　7
ナッジ理論　121

二人称的かかわり　102
乳児院　55
乳児保育　62, 117
認知能力　16

は　行

ハイハイ　50, 62, 70
育みたい資質・能力　16
発達　2, 30, 60, 70
　　心とからだの——　60, 70
発達課題　60

微細運動　61
人と関わる力　74
非認知能力　16, 77
肥満　68
表現　38, 115, 126
　　自然物での——　118
　　全身での——　118
　　独創的な——　119
　　人前での——　120
　　模倣での——　119
　　指さしでの——　118

物的環境　120
プロジェクト保育　23, 27

保育　4
　　——の質　13, 105
保育所保育指針　59, 63, 117
母語（言葉）の獲得　4, 101
ポートフォリオ　105
微笑み　5

保幼小の連携・接続　13, 67, 95

ま　行

マイクロシステム　31
マクロシステム　31
学び　15, 26, 41, 87
　　——に向かう力　15
　　——の基礎　37
学ぶ力　26

メゾシステム　31

や　行

養護（生命の保持及び情緒の安
　　定）　54
幼児期の終わりまでに育ってほ
　　しい姿　59, 67, 81
幼稚園教育要領　18, 59
幼稚園教育要領解説　19
幼保連携型認定こども園教育・
　　保育要領　59

ら　行

ラーニング・ストーリー　23,
　　105

レッジョ・エミリア　40, 105

編著者略歴

高櫻綾子
たかざくらあやこ

2011 年　東京大学大学院教育学研究科博士後期課程修了
現　在　青山学院大学教育人間科学部准教授
　　　　博士（教育学）

〔おもな編著書〕
『子どもの育ちを支える 発達心理学』（朝倉書店，2013 年）
『子どもが育つ遊びと学び─保幼小の連携・接続の指導計画から実践まで─』
（朝倉書店，2019 年）
『子どもの育ちを考える 教育心理学─人間理解にもとづく保育・教育実践─』
（朝倉書店，2021 年）
『「教育」を学ぶあなたに贈る 20 のストーリー─すべてのひとに 良質な教育を
いつからでも どこででも─』（朝倉書店，2025 年）

理論と実践の往還で紡ぐ保育・幼児教育学
　　─幸せに生きるためのヒントは乳幼児期に─　　定価はカバーに表示

2025 年 3 月 1 日　初版第 1 刷

編著者　高　櫻　綾　子
発行者　朝　倉　誠　造
発行所　株式会社　朝　倉　書　店
　　　　東京都新宿区新小川町 6-29
　　　　郵 便 番 号　　162-8707
　　　　電　話　03（3260）0141
　　　　F A X　03（3260）0180
　　　　https://www.asakura.co.jp

〈検印省略〉

© 2025 〈無断複写・転載を禁ず〉　　　　　教文堂・渡辺製本

ISBN 978-4-254-65009-9　C 3077　　　　Printed in Japan

JCOPY ＜出版者著作権管理機構 委託出版物＞
本書の無断複写は著作権法上での例外を除き禁じられています．複写される場合は，
そのつど事前に，出版者著作権管理機構（電話 03-5244-5088，FAX 03-5244-5089，
e-mail: info@jcopy.or.jp）の許諾を得てください．

シリーズ〈絵本をめぐる活動〉1 絵本ビブリオ LOVE
―魅力を語る・表現する―

中川 素子 (編)

A5判／200頁　978-4-254-68521-3　C3371　定価2,750円（本体2,500円＋税）

絵本への多様な向かい方や愛し方を，さまざまな年齢，立場の方に語ってもらう。〔内容〕成長の各年代と絵本／家族の愛を育む絵本／人生や心をはげます絵本／仕事のきっかけとなった絵本／自然や文化観がみえる絵本／絵本を愛する視点。

シリーズ〈絵本をめぐる活動〉2 絵本ものがたり FIND
―見つける・つむぐ・変化させる―

今田 由香・大島 丈志 (編)

A5判／208頁　978-4-254-68522-0　C3371　定価2,750円（本体2,500円＋税）

「絵本で物語るとはどういうことか」をコンセプトに，絵本で物語ることの意義と実際の活動について解説・紹介する。〔内容〕子どもが紡ぐ物語／視覚が生み出す物語／ナンセンス絵本と不条理絵本／変形していく物語／絵本と翻訳。

シリーズ〈絵本をめぐる活動〉3 手作り絵本 SMILE
―創る喜びと広がるコミュニケーション―

和田 直人 (編)

A5判／200頁　978-4-254-68523-7　C3371　定価2,750円（本体2,500円＋税）

手を動かし考えながら1冊の絵本を作り上げていく魅力とそこから生まれてくる様々な事象を探り出す。〔内容〕教育活動のなかの手作り絵本／手作り絵本で広がる交流の世界／あらゆる人のための手作り絵本／さまざまなかたちの手作り絵本

絵本の事典

中川 素子・吉田 新一・石井 光恵・佐藤 博一 (編)

B5判／672頁　978-4-254-68022-5　C3571　定価16,500円（本体15,000円＋税）

絵本を様々な角度からとらえ，平易な通覧解説と用語解説の効果的なレイアウトで構成する，"これ1冊でわかる"わが国初の絵本学の決定版。〔内容〕絵本とは（総論）／絵本の歴史と発展（イギリス・ドイツ・フランス・アメリカ・ロシア・日本）／絵本と美術（技術・デザイン）／世界の絵本：各国にみる絵本の現況／いろいろな絵本／絵本の視覚表現／絵本のことば／絵本と諸科学／絵本でひろがる世界／資料（文献ガイド・絵本の賞・絵本美術館・絵本原画展・関連団体）／他

子どもの読書を考える事典

汐﨑 順子 (編)

A5判／496頁　978-4-254-68026-3　C3570　定価9,900円（本体9,000円＋税）

「つくる」「読む」「つなぐ」の観点から子どもの読書に関する理論と実践をまとめた事典。見開き2～6ページの項目読み切り形式。現場を熟知している編者・執筆陣で，図書館や司書，子どもの読書にかかわる研究者が本当に役立つレファレンス。〔内容〕つくる（子どもの本の歴史／子どもの本をとりまく力／子どもの本をつくる／子どもの本のいろいろ／子どもの本の広がり），読む（子どもの読みの変化／子どもの読書の現在），つなぐ（つなぐ場と人／つなぐ方法），巻末資料

「教育」を学ぶあなたに贈る 20 のストーリー
―すべてのひとに 良質な教育を いつからでも どこででも―

高櫻 綾子 (編著)

A5 判／136 頁　978-4-254-60027-8　C3077　定価 2,860 円（本体 2,600 円＋税）

教師になる人もならない人も，教育を学ぶことで何にいかせるのかを具体的に提示するテキスト．10 章ならびに 10 のコラムから，「学校」という枠もこえた幅広い視点で「教育」について切り込んでいく．

子どもの育ちを考える 教育心理学
―人間理解にもとづく保育・教育実践―

高櫻 綾子 (編著)

A5 判／132 頁　978-4-254-60026-1　C3077　定価 2,750 円（本体 2,500 円＋税）

保育・教育系学部学生のための教育心理学のテキスト。教育心理学の基礎知識の解説とともに，理論を実践に活かすための考え方を提供するコラムを豊富に収録。講義科目のみならず演習科目のアクティブラーニング教材としても活用できる。

子どもが育つ遊びと学び ―保幼小の連携・接続の指導計画から実践まで―

高櫻 綾子 (編著)

A5 判／148 頁　978-4-254-65007-5　C3077　定価 2,750 円（本体 2,500 円＋税）

子どもの長期的な発達・成長のプロセスを支える〈保幼小の連携・接続〉の理論とカリキュラムを解説する。〔内容〕保育所，幼稚園（3 歳未満児および 3 歳以上児），認定こども園／小学校（低中高学年）／特別支援学校／学童保育／他。

子どもの育ちを支える 発達心理学

高櫻 綾子・請川 滋大 (編著)

A5 判／176 頁　978-4-254-60021-6　C3077　定価 2,750 円（本体 2,500 円＋税）

保育・福祉・教育系資格取得のために必要な発達心理学の基礎知識をコンパクトにまとめたテキスト。〔内容〕発達心理学とは／発達研究・理論／人間関係／言語／学習・記憶／思考・知能／自己形成／発達援助／障碍，臨床／子育て支援／他

乳幼児の発達と保育 ―食べる・眠る・遊ぶ・繋がる―

秋田 喜代美 (監修) ／遠藤 利彦・渡辺 はま・多賀 厳太郎 (編著)

A5 判／232 頁　978-4-254-65008-2　C3077　定価 3,740 円（本体 3,400 円＋税）

東京大学発達保育実践政策学センターの知見や成果を盛り込む。「眠る」「食べる」「遊ぶ」といった 3 つの基本的な活動を「繋げる」ことで，乳幼児を保育学，発達科学，脳神経科学，政治経済学，医学などの観点から科学的にとらえる。

上記価格は 2025 年 2 月現在

書籍の無断コピーは禁じられています

　本書の無断複写（コピー）は著作権法上での例外を除き禁じられています。本書のコピーやスキャン画像、撮影画像などの複製物を第三者に譲渡したり、本書の一部を SNS 等インターネットにアップロードする行為も同様に著作権法上での例外を除き禁じられています。

　著作権を侵害した場合、民事上の損害賠償責任等を負う場合があります。また、悪質な著作権侵害行為については、著作権法の規定により 10 年以下の懲役もしくは 1,000 万円以下の罰金、またはその両方が科されるなど、刑事責任を問われる場合があります。

　複写が必要な場合は、奥付に記載の JCOPY（出版者著作権管理機構）の許諾取得または SARTRAS（授業目的公衆送信補償金等管理協会）への申請を行ってください。なお、この場合も著作権者の利益を不当に害するような利用方法は許諾されません。

　とくに大学等における教科書・学術書の無断コピーの利用により、書籍の流通が阻害され、書籍そのものの出版が継続できなくなる事例が増えています。

　著作権法の趣旨をご理解の上、本書を適正に利用いただきますようお願いいたします。　　　　　　　　　　　　［2025 年 1 月現在］